靜心之教與養生之道

李似珍 著

東大圖書公司

國家圖書館出版品預行編目資料

靜心之教與養生之道 / 李似珍著. －－初版一刷. －－
臺北市：東大，2008
　　面；　　公分. －－(宗教文庫)

ISBN 978–957–19–2883–8　(平裝)

1. 道教修鍊 2. 養生

235　　　　　　　　　　　　　　　　　97003715

© 　靜心之教與養生之道

著 作 人	李似珍
責任編輯	蔡宜珍
美術設計	黃顯喬
發 行 人	劉仲文
著作財產權人	東大圖書股份有限公司
發 行 所	東大圖書股份有限公司
	地址　臺北市復興北路386號
	電話　(02)25006600
	郵撥帳號　0107175–0
門 市 部	(復北店)臺北市復興北路386號
	(重南店)臺北市重慶南路一段61號
出版日期	初版一刷　2008年5月
編 號	E 230040
定 價	新臺幣180元

行政院新聞局登記證局版臺業字第○一九七號

有著作權・不准侵害

ISBN　978–957–19–2883–8　(平裝)

自 序

接觸養生論題，是我非常快活的時刻，這與我的童年記憶有關。我的父親在三十餘歲時患上了肺結核病，經多方求治仍日趨嚴重。後賴習練太極拳竟恢復了健康，獲得年近九十的高壽。當年他見我體質也不好，便為我尋師學拳。這一過程自小學四年級開始，斷斷續續地維持了七、八年。1978年進入華東師範大學之後，又有過在校園裏學習太極拳、木蘭拳等的經歷。雖因生性懶散，學拳成績不佳，然體質因之而強健。在不經意中，也對此種鍛煉方式留下了初步的印象。二十年前有機會接觸了道教養生的書籍，以後又參與了相關論著的撰寫，對其中的一些原理，便有了更為深入的理解。

近年來，中國正朝著現代化社會快速發展，思維方式與生活理念也逐漸地國際化，接受西方化的程度很高，隨之而來的弊端便是心身壓力的沉重。特別是青少年，被「不能輸在起跑線上」的觀念套牢，緊張地奔波於各式課堂，卻把應有的體育鍛煉置棄不顧。這在生理與心理方面都存在著錯誤的認知。為了我們，特別是下一代人的身心健康，有必要發掘道教養生觀等傳統文化，使之指導於我們的日常行動。我

的這本小書，就是以此為寫作出發點的。

涉及道教養生觀的書籍雖然不少，但真正要理解它，還很不容易。特別是其中的有些說法，良莠參半，若沒有經過親身的實踐，很難做出恰如其分的判斷。故在寫作中對有些內容，便有把握不夠的感覺。望讀者能通過討論、質疑等各種方式，對其中的問題提出意見。

撰寫本書期間，三民書局的各位編輯給予了很大的幫助，他們為本書的出版、校改付出大量心血，使我在此期間學到太多的東西。謹於此表示深深的感謝！

李 似 珍

靜心之教與養生之道

目次

緒　論

道教中人對自然有著深深的敬畏，他們認為人是自然的一個組成部分，而對於自然的瞭解，則要通過「靜心」才能做到。要做到「靜心」，人們必須以透徹理解世事外物為前提，所以當以「靜心」為核心教義，並圍繞此而形成有系統的理念。

　　靜心之教是具有東方色彩的概念，在西方語言中，沒有一個詞可以與「靜心」剛好對應。英國學者李約瑟 (Joseph Needham, 1900–1995) 曾在所著《中國科學技術史》(*Science and civilisation in China*) 第二卷關於道家哲學介紹中，特列「靜心」一節，以為其在道家那裡表現的是「具有原始科學特色的心地平靜」，與古希臘原子論派德謨克利特 (Demokritos，約西元前 460—西元前 370) 和伊壁鳩魯 (Epikouros，西元前 341—西元前 270) 所說的寧靜 (atataxy) 相近。(參見《中國科學技術史》第二卷《科學思想史》，科學出版社、上海古籍出版社，1990 年，第 70 頁。) 故按現代人的理解，「靜心」就是改變自己存在的意識，進入內心的世界。通過開發人的理性意識層次，使人心神集中，感官觸覺敏銳，頭腦清醒。在這種狀態下，人的行為多表現出有條不紊、按部就班、時時安寧、處處井然的狀態。於是人就能在處理事情時計畫分明、胸有成竹、坦然自若。所以「靜心」是帶有科學成分並相對於浮躁而言的概念。

　　中國傳統各家學派都認同「靜心」的說法，其中儒家講「靜心」，是認為它可以發揮抵禦外界雜念誘惑、堅定為治國平天下服務之信念的作用。它是從內心的欲望與理想目標之關係來理解「靜心」的，較多採取了倫理學的角度。

　　佛家以為在一個人的生命之中，共存在著三種力量，第一種為腦力，第二種為心力，第三種為生命力。心力處於平衡生命力與腦力的地位，要學會使用心力就必須知道如何靜

心，靜心是誘發強大心力以及內在和平境界的方法，所以「靜心」之道多在調攝心理狀態的基礎上進行。

道教對「靜心」的認識也建立於此基礎之上，不過開拓得更為深入。道教中人對自然有著深深的敬畏，他們認為人是自然的一個組成部分，而對於自然的瞭解，則要通過「靜心」才能做到。要做到「靜心」，人們必須以透徹理解世事外物為前提，所以當以「靜心」為核心教義，並圍繞此而形成有系統的理念。此觀念的形成，與道家有關。《莊子·天道》曰：「聖人之靜也，非曰靜也善，故善也。萬物無足以鐃心者，故靜也。」意思便是，他所遵奉的「靜」，並非出自權衡後的選擇，而是一種洞明於宇宙萬物之理、游心於道的精神狀態，故有著無為而無不為的內涵。奉《老》、《莊》為精神宗主的道教學派中人根據這一認識，認可世界的變化存在，要求教派中人瞭解世事萬物、特別是人體自身的變化規律，對如何發揮自身的功能具有信心。認為人可通過主動的鍛煉、充分發揮出自身的功能，來適應自然界的運行變化。這樣，作為宗教學說的靜心之教，就自然地產生了養生之道的效果。

道教中人把自己的「靜心」教義與養生長壽目的聯繫起來，這與儒家以靜心服從於事功之需，佛教視靜心為目的的做法是不同的。而這種結合貫穿於道教學說的各方面，於是使它的學說呈現出與其他教派不同的色彩，即使在現代仍然有其獨特魅力存在。

第一章
神仙信仰中透露的
靜心修煉目標

　　長生不死是神仙的最根本特徵。道教理想中的「神仙」
不管處於何種等級，都有著超越生命局限的基礎。所以他
們以《道德經》中「深根固蒂，長生久視之道」為宗旨，
認為老子所說的「常道」，即是「自然長生之道」。

一、道教教派的神仙信仰

　　道教門派中有言：神仙的存在是整個道教存在的基礎。所以道教中人講「靜心」，鑽研養生之道，首先表現於他們的神仙追求目標。這種「神仙」理想目標，以中國古代的老、莊等思想為依託。關於「神」的觀念在我國先秦古籍中已經大量出現，它是指一種超自然的存在，具有神秘的主宰力；而「仙」則是一種長生不死的信念。我國最早的釋字書籍《說文解字》，解釋仙為「長生儒去」，另一本詞典類的古書《釋名・釋長幼》中，也以「老而不死」解釋它。這層意思在道教學派中得到了確認。東晉道教學者葛洪 (283–363) 在其《抱朴子》中即言：「仙人，或升天，或住地，要於俱長生，去留各從其所好耳。」此處理解的「仙」，除了長壽之義，還有輕舉上升的意思在內。在道教中人看來，那些進山隱修之人站在山巔，彷彿輕舉上升於雲天，這或許就是「仙」概念產生的視覺基礎。這樣的對理想中人的塑造，在其他宗教教派中還沒有出現過。

　　一般宗教教派的膜拜對象，是超脫塵世的「神」而非「仙」，即他們注重的是精神上的超越凡人，講求的是道德理念方面的完美無缺，而在形體上則沒有要求。所以李約瑟在《中國科學技術史》中曾說過：「道家思想從一開始就迷戀於這樣一個觀念，即認為達到長生不老是可能的。我們不知道在世界

上任何其他一個地方有與此近似的觀念。這對科學的重要性
是無法估量的。」(《中國科學技術史》第二卷，第 154 頁。)
這句話或許便是就道教以「神仙」為最高信仰而言的。

　　作為土生土長的宗教，道教的神仙思想本來自於我國古
人的文化理念，在中國古代文獻之中，我們可以找到源自人
類中長壽者的神仙原型。究其原因，據現代道教研究者詹石
窗的說法，是古人對於自身有限能力的無奈。為了生存，人
類不得不與各種自然力進行鬥爭。外部環境中的各種惡劣因
素給先民們的生存造成極大的壓力，這使他們不僅感受到生
存之不易，而且還感歎於生命的有限。於是當時的中國人，
除了設想可通過靈魂寄託的方式繼續存在之外，還想辦法要
使人的肉體產生更大的抗爭死亡的能量。在古代神話故事中，
記載著人們在這方面的想像，人類為抗爭自然、戰勝生命極
限想出了各種方法。各種各樣的神仙塑造，便是在這樣的條
件下產生出來的(參見詹石窗，〈道教神仙信仰及其生命意識
透析〉，《湖北大學學報》，2004 年，第 5 期)。

　　道教的神仙崇拜是在包容中國古代神話、民間俗神(指
有功於民的有道之士)傳說等內容基礎上建立起來的，它由
神仙、仙境和成仙方術三方面組成。作為宗教的信仰，這種
神仙體系以「三清」為主神，由先天神異、後天仙真(即由
修煉得道、長生不死之人)及民間俗神組成龐大的團體結構；
構成以三十六天、三島十洲、洞天福地等為基礎的仙境世界；
並在吸納方術的基礎上，設想出內丹煉養等的成仙方法。

道教中人認為，成仙並非易事，它不能夠一蹴而就，而是要通過理解道經之理、體悟修煉之道及實際修煉的持續過程，才能得到實現的。所以在《仙經》、《三壇圓滿天仙大戒略說》、《墉城集仙錄》、《鍾呂傳道集》等道書裏，神仙都是分成等級的。清王建章（生卒年不詳）《仙術秘庫》中言及「法有三乘，仙分五等」，其中五等仙分別為天仙（在天之仙）、神仙（能神通變化的仙）、地仙（在地之仙）、人仙、鬼仙（指修道者未能煉至純陽，死後入陰間之仙）。其分等級之依據，多半是修行與功德的深淺。宋元以後，神與仙的區分漸不明顯，往往相混而統稱。

二、道教神仙想像的養生內涵

道教學派中的神仙觀念出自先秦道家《老子》、《莊子》、《列子》、《列仙傳》等典籍，以東晉葛洪《抱朴子》的出現為理論化標誌。葛洪字稚川，自號抱朴子，出身士族，為東晉時代著名道教學者。所著《抱朴子》分內外篇，「外篇」講人間得失、政治世事，引用儒家思想較多；「內篇」講神仙方藥、鬼怪變化、養生延年，體現道教學說吸收方士巫術、民間觀念的特點。在此書「內篇」的《論仙》、《對俗》、《至理》等篇中，他援引了《列仙傳》、《神仙傳》、《仙經》中的內容，對神仙的存在及修煉成仙的可能，作出大量的論述。此後，葛洪《神仙傳》記載神仙傳記一百九十人，五代沈汾（生卒

年不詳)《續仙傳》記神仙三十六人，唐末王松年（生卒年不詳）撰《仙苑編珠》述及神仙事蹟三百餘人，南宋陳葆光（生卒年不詳）《三洞群仙錄》錄神仙千餘人，元代趙道一（生卒年不詳）撰《歷世真仙體道通鑒》記仙真七百人，後又撰《歷世真仙體道通鑒續編》，集全真得道仙真三十四人。這些書籍如今都被收納於道教大型叢書《道藏》之內。翻檢其中的神仙記載，我們可以看到，從永生追求思考的角度來看，他們大致有這樣一些特徵：

㈠逍遙愉悅，身心自由

中國俗語中有「快活似神仙」之說，從《道藏》所收各本道經文字中看，確實也能感受到這一點。道教人心目中的神仙大都住在塵世之外，他們或居天界三十六重天，或居海外三島五嶽十洲，或居人間三十六洞天、七十二福地。其境除飄飄渺渺，恍兮惚兮，似真似幻的神秘之外，還有生長大樹靈藥、有甘液玉英，又有靈獸彩鳥往來。在這裏，樹是金枝玉葉，草是仙草靈藥；加上遍地的金銀寶器，採用這些材料製成的工具，光耀如日月，運用起來得心應手；泉水如醇酒，澗水如蜜糖，飲食之與天地同壽；還有火綄布，夜光珠，珍禽怪獸，不可勝數。物產豐富而奇異，一切景色皆帶仙氣，一切皆具神效，又有俊男倩女相伴左右，生活在這樣的環境中的仙人焉能不快活！

　　中國人對神仙的嚮往不僅在於物質生活方面的充分滿足，還體現在精神上的不受拘絆。屈原《遠遊》詩中曾描繪神仙生活：「漠虛靜以恬愉兮，淡無為而自得。聞赤松之清塵兮，願乘風乎遺則。貴真人之休德兮，美往世之登仙。……形穆穆以浸遠兮，離人群而遁逸。」表現的就是傳說中著名仙人赤松子、韓終等人居高處遠、超脫悠閒、瀟灑自在的生活狀態。這些形象與道教中人信奉的《莊子·逍遙遊》中的藐姑射之山神人形象十分相符：「肌膚若冰雪，綽約若處子」、「乘雲氣，御飛龍，而遊乎四海之外」，令人十分嚮往。這些神仙免去了田間勞作的辛苦，拋開了爭名奪利的煩惱，又無生死病痛的憂懼，所以在精神上無牽無掛、快樂逍遙，在超脫了世間的名韁利鎖之後，獲得了對意志自由的追求可能。

　　嚮往自由自在、無拘無束，可以說是人類的天性，有位哲人就說過，自由是人的天性，羈絆與約束都是人的天性所無法容忍的。人類除了需要物質享受以外，還需要精神上的滿足，追求高雅脫俗，不受俗情的牽累，沒有緊張生活帶來的壓力，也不存在精神憂鬱之狀態。道教的神仙信仰中的神仙，逍遙、灑脫，不受任何約束和控制，以至騰雲駕霧，遊於天地之間，徜徉於塵垢之外，出入於六合之中「乘天地之正而御六氣之辯，以遊無窮者」（《莊子·逍遙遊》），十分符合人類的普遍願望。當然這種自由，是以對世事的洞明為前提，以理性為主導的。從養生角度而言，這是符合人對健康保障需要的，或許這也是神仙信仰能夠長盛不衰的原因之一吧！

㈡健康長壽，甚至擺脫死亡的困擾

長生不死是神仙的最根本特徵。道教理想中的「神仙」不管處於何種等級，都有著超越生命局限的基礎。所以他們以《道德經》中「深根固蒂，長生久視之道」為宗旨，認為老子所說的「常道」，即是「自然長生之道」。提出由於個人的生命同天地一樣，由自然之氣化生，所以只要能夠做到修道守氣、返本歸根、養生修煉、安神固形，就可以與道同久，長生不死。這就是神仙能夠長生不死的原因。《道藏》中的許多記載都與此種認識與理解有關。

例如道教中尊奉的真武大帝，即是其中一例。他在天以二十八星宿中的北方七宿星為「象」，即成形根據；在地又以龜蛇為象徵。中國古人認為龜蛇都是長壽之動物，是人們崇拜之神靈。《道藏》第十八冊中有《太上說玄天大聖真武本傳神咒妙經》，它以真武大帝為太上老君的化身：書中描述的真武大帝形象為披髮黑衣，金甲玉帶，仗劍怒目，頂罩圓光，足踏龜蛇，形象威猛。他早年活動於齊雲山（現安徽黃山附近），後為執掌武當山的主神。作為有著星辰背景與龜蛇之靈的真武大帝，究其成神原因卻仍不脫修煉。《玄天上帝啟聖錄》記載，此真帝雖為「先天始氣、太極別體」之化身，其在成長過程中走的卻是「不統王位，惟務修行，因念道專一，遂感玉清聖祖紫元君傳授無極上道」之路。以後進入太和山居

住，修煉成道，才得到了德滿飛升、威鎮北方的正果。這種
神仙成長的途徑，正是道教徒們修行守持的動力。

　　另外，流傳在中國民間的老壽星，也成為道教長生追求
的「形象大使」。早在《史記・天官書》中，就有關於「南極
老人」的記載，認為他有「壽命延長之應」。他在數代皇朝中
被列入國家祀典，在民間年畫或戲劇中常以白髮白鬚、長頭
高額頭的面目出現。這位傳說中的「南極老人」，被道教中人
列入神仙系列，成為執掌人間壽夭性命的天界神仙，改稱為
南極真君。以後民間認為他手中托的是仙桃，胯下所騎的則
是仙鹿。坊間於是供奉他的畫像，認為仿效他可使人的身體
得到健康，延年益壽。這樣的理解與詮釋，使道教神仙學說
的養生主旨，得到了民眾應和，並獲得了富有親和力的形象
體現。

　　《抱朴子》中的神仙與先秦《莊子》等書中提示的形象
已有所區別，後者要求神仙口含赤雲，吞天地之英華，納新
吐故；漱天地玄黃之正氣，飲清露、玉液，有一種神明清澄
之體的保持；而《抱朴子》所言及的仙人則可混跡人群，遊
山玩水，飲酒作樂，吟詩作賦，遊戲人間，風流快活。這種
結合了理想建構與現實生活享受追求的神仙形象，更為後世
道教內外之人所接受。從理論立足點而言，它已經從民間世
俗生活需要出發，認可人的天性要求，不認同儒家正統觀念
對人性的壓抑態度，使長生修煉之理念更易為人們所接受。

　　當然，不死還只是低階標準，道教中人還注意到人的生

命質量及審美要求，所以不管是莊子還是葛洪，都要求長壽的神仙仍能夠「肌膚若冰雪，綽約若處子」，即面容光澤動人，神采奕奕，健康強壯。這樣的神仙確實令人心嚮往之。

㈢發揮自身潛能，有超人的本領

道教中的神仙還有一種功能，那就是他們大都能行凡人所不及，達凡人所不能達之境。《莊子・齊物論》中曾載神人能夠做到「大澤焚而不能熱，河漢沍而不能寒；疾雷破山，迅風振海而不能驚。若然者乘雲氣、騎日月，而遊乎四海之外，死生無變於己。」也就是說他們可以寒暑不侵，水火不懼，不受物理世界各種現象的影響，超越自然生命中所遇到的極限。這種思想在道教書籍中隨處可見，如《西升經》（全稱《老子西升經》，約成書於魏晉之間）的《邪正章》中有「神能飛形，並能移山」句；雷霄派等道教宗派對以咒語呼風喚雨的追求，都可視為此等信念下的產物。

其次，他們心目中的神仙也有許多特異功能：行路飛快，可以像空中飛人般地遊走絕跡；可飛崖走壁，穿牆縮地，神通廣大，甚至能有形體上的變化。如葛洪《抱朴子》中介紹的神仙法術就有：隱形法、分身法、騰空飛行術、行水潛水法、預知吉凶術、不寒不熱、不畏風濕等多種。如書中記載一名班孟者，能飛行終日，坐虛空中與人談話；能鑽入地下，手指刺地而成井汲水；能吹人屋上瓦片；又能口含墨水噴紙

形成文字，有著諸多的「特異功能」。這樣的形象一直被百姓津津樂道，以致以後終於形成了普受民眾喜愛的《西遊記》中孫行者形象。這是人類體會到自身能力不足，通過觀念意識的合理想像，自精神層面上獲得的補償。

我國古人把對超越凡人的想像化為動力，投入於提升人類能力的創造活動。有時候這種創造活動是通過製作新型工具、延伸人體器官功能的方式實現的；也有的時候則通過鍛煉自身形體，發掘自身潛能的方式實現。於是，在人們的設想中，神仙便是掌握了特殊形體修煉辦法的人。《莊子·大宗師》中記有「其寢不夢，其覺無憂，其食不甘，其息深深」的真人。說這樣的人在日常生活中也與眾不同，他們通過修煉氣功，在飲食起居、體能適應等方面都大大勝出於常人。此外他們往往還能自救或救人，《道藏》中記載了許多能治療疾病的方術，顯然可供教派中人實用；一些古代小說筆記中也有不少善治疑難雜症道醫事蹟的記錄。

如《曹州志》中記宋代有一道醫，居住在楚丘棗堈村，平時他戴著土黃色的帽子，穿一身藍布長衫，在地方上很有醫名。「有疾者往求，一與之語，不藥而愈」。為此，後人特地建立了座祠堂來紀念他。不用藥物以治病，有點類似心理治療或兼以布氣發功的治療方式。

這些道教神仙想像，在形態、功能、生存方式等多方面表現出的與凡人不同之狀態，應當說主要來自突破人本身在肉體方面的局限。

　　上面所述及的各種神仙形象，雖然具有主觀臆造的色彩，但也是一種對人生心理健康、身體強壯、發揮出自身潛能要求的反映，所以可以看做為我國古人面對死亡威脅表現出的反抗意識，是古人因困惑生命有限性而對人生作出的解釋。它在冥冥中又與現代人類的生存需求、健康理念相互吻合。

三、道教神仙觀以道支撐、守靜養性特點

　　道教的神仙信仰，以承認靈魂肉體一元為前提，他們相信靈魂肉體都是長生不滅的。葛洪在他的《神仙傳·南柯太守傳》裏所說的「神仙度世，可以無窮」就是以此為信念的。所以道教中人都是主張留戀人世的，他們鄙視來生，並認為「求長生者，正惜今日之所欲耳，本不汲汲於升虛，以飛騰為勝於地上也」（同上）。雖然，神仙信仰也有「第二世界」的觀念，即所謂「仙界」，但這個「仙界」並不是什麼陰森可怕或神秘莫測的「彼岸世界」，它既不遙遠，也不恐怖，隨處可見，無處不在，是世人樂於嚮往、即便成了仙也留連忘返的人間名勝景區。所以說，「仙界」名義上是神仙活動和生活的地方，但實際上是人的世界，是人世間的組成部分和補充。

　　道教神仙信仰對生命的追求，在反映我們民族心理習慣的同時，反映出我國傳統哲學與人生價值觀的精華，它們表現為：

　　在理論上，以「道」為最高範疇，主張尊道貴德，效法
自然。道教是在漢代黃老道家理論基礎上，吸收古代神仙家
的方術和民間巫術鬼神信仰而形成的一種宗教實體。「道教」
的意思就是「道」的教化或說教，它信奉「道」，並且是要求
通過精神形體的修煉「成仙得道」的宗教。《老子》把「致虛
極，守靜篤」與「道」相提並論，其書第十六章內有「歸根
曰靜，是謂覆命；覆命曰常，知常……天乃道。道乃久，沒
身不殆」句，即把靜與道的關聯作出有機的聯繫。以此為成
仙理想基礎道教中人，也使其守靜養性的功夫修煉，獲得了
「道」的教義支撐，所以具有立意較高，理論上顯得厚實的
特徵，具有思想上的影響力。

　　生命的延續不僅來自體魄的強健，還有心靈上的調攝，
這也是道教中人十分明確的宗旨。所以他們在思考「成仙得
道」途徑時顧及了多重方面。這裏既有精神上的「返樸歸真」
修養，又有具體方法的修習與運用，體現了對人生價值觀念
的體悟與鍛煉方式的匯集、提煉，內容博大精深。本書第八
章言及之道教「德生雙修」內容，即此方面精神之體現。

　　魏晉時期的道教神仙故事中，既有眾多對特異功能的追
求，同時也十分注意塑造「閒雲野鶴」般的精神超脫形象。
所以在中國社會唐宋時代以後，士大夫及文人們多將富含哲
理、自然清高的生活方式，視為道教觀念的「精華」，把守靜
養性煉氣看作道教的「正宗」。宋代蘇軾 (1037–1101) 曾講道
教是:「以清淨無為為宗，以虛明應物為用，以慈憐不爭為行，

合於《周易》『何思何慮』,《論語》『仁者靜壽』之說,如此而已。」(見宋邵博(約西元 1122 年前後在世)《邵氏聞見後錄》第五卷) 此話得到了當時理學界的程頤、邵雍等人的相當認肯。

以上這些特點,都是我們把握道教養生主旨與「靜心」要領的所在。

葛洪《抱朴子》在闡述長生成仙之說時,提出神仙境界是人人都可達到的,但須通過艱苦的努力和辛勤的修煉的思想,說道:「仙之可學致,如黍稷之可播種得,甚炳然耳。然未有不耕而獲嘉禾,未有不勤而獲長生度世也。」所以,他認為傳說中活了八百歲以上的彭祖和老子,都是人而不是天生的神人。結合道經中關於真武大帝的設想,我們認為這裏體現的是道教養生追求與「靜心」修養關係的關節點,即是通過自身的努力,且持之以恆。

四、靜心養生觀的現代意義

愛惜生命,追求生存品質,恐怕是人類自古以來就有的一種心理狀態。不過中國人似乎意識得更早一些,也比較來得完整。當中醫經典《黃帝內經》把個體與自然的和諧作為理論的出發點,並始終將醫療與預防、養護結合起來之時,「養生」這樣一門醫學的獨特學科便因之而得以成形。這在人類古代是具有領先性的。

　　曾經一度，人們忽略了這方面的需要，而認為自己最大的生存困難來自經濟落後，所以當務之急便是發展科技、掌握高科技、促使經濟體系的一體化等等。但是隨著時間的推移與實踐的經歷，人們發現近代物質文明的高速發展，使許多人把賺錢作為人生第一要務，用錢作為評判人生成敗和價值的標準。私欲的膨脹，造成了對生命的忽視和人際關係的惡化；道德標準的多元及相應價值評判的缺失，使得人與社會之間產生了不協調。這些都使人類機體抗災能力減弱，於是人群中出現了心血管疾病及其他消化、免疫等系統疾病，心理問題也有了大幅度的增加。當二十一世紀之初，諸如愛滋病、"SARS"等疫疾，以迅雷不及掩耳之勢，席捲全球各個國家、地區，因其蔓延之廣、治癒之難引起全球恐慌之時，關於健康的可貴、生命的價值等問題，便凸顯於人們面前了。

　　於是人們開始反省自己的生產、生活方式，要求在對生命本質詰問的同時，使社會回歸理性。這時候人們考慮的問題包括：如何克服現代物質文明發展引發的身心壓力？如何抵抗社會片面發展產生的社會難題：環境污染、病菌肆虐？如何改變人們的生活觀念、重新擁有健康與道德？很自然的，為了回答這些問題，人們將目光投向了自己的祖先，試圖從前人的經驗中得到啟示。

　　在西方目前出現了一些學者專門研究這方面的問題，有的學者認為當前最重要的，就是使人能夠從外在的物質環境、文化環境等壓力之下解脫出來，獲得相對自由的生活條件。

而這裏可能會涉及的，至少有時間 (time)、活動 (activity)、存在方式 (state of existence) 和心態 (state of mind) 等多個方面（參見傑弗瑞‧戈比 (Gooffrey Godbey)《你生命中的休閒》，雲南人民出版社，2000 年，第 3–4 頁）。中外學術界為此回顧了世界科學文化歷程，他們發現了中國傳統科學文化中所擁有的養生思想，對於我們走出困境，具有相當的意義。而這些思想不僅存在於醫學之中，還大量保留於道教經典之內，值得我們去重新咀嚼、回味，從中獲得借鏡。這樣，道教的「靜心」之教也就在新的歷史條件下得到了審視與解釋，而珍惜生命、維護健康這樣的神仙話語，也就在新的歷史條件下得到了重現。

第二章

重人貴生、我命在我
的教義支持

抵抗死亡是人類永恆的夢想。古代的道教中人如此，
現代的醫學也想擺脫疾病的陰影，延遲衰老與死亡的來臨。
所以「我命在我」命題的積極意義並不在提示人類是否真
能永生不死，而在於道出了人類在死亡面前並非無能為力
的信心。

　　道教中人通過神仙理想的塑造,主張配合現世長生追求,進行「靜心」修煉。這種做法不僅有思想根源,還有系統的理論作為基礎,這主要表現於「重人貴生」、「我命在我」的教義支援,及形神相依、天人合一、眾術合修等觀點的強調。下面我們分別看一下各種觀點與靜心修煉的關係。

一、「我命在我」的生命觀

　　人是萬物之靈長,萬物以人為貴,這是道家文化中最為突出的核心命題。老子提出「四大」之說,即:「道大,天大,地大,人亦大。」(《道德經》第二十五章)他又說:「域中有四大,而人居其一焉。」(同上)將人放在與天地同等的位置,說明道家重視人,重視生命。道教學者的陶弘景 (456–536)說:「夫稟氣含靈,唯人為貴。」(《養性延命錄‧序》)人是道家研究的主要對象,中國傳統文化中的「重人貴生」思想,在道教文化中體現得最為突出。

　　道教把人生的價值意義定位於生——永生。《太平經》認為生是最根本的,天上神仙都不貪圖富貴,但樂活命。相傳道教創始人張道陵 (34–155) 的《老子想爾注》,把「生」提到「道」的高度來體認:「生,道之別體也。」陶弘景《養性延命錄‧序》稱:「人所貴者生。」南朝宋時徐氏所著《三天內解經》卷上說:「死王乃不如生鼠。故聖人教化使民慈心於眾生,生可貴也!」死去的帝王連隻活著的老鼠都不如,可見生

命價值之寶貴無比。這些都充分展示了道教「重生」、「貴生」
的思想。假如我們套用一首小詩，道教的人生價值觀可以表
述為:「金錢誠可貴，權勢價亦高。若為生命故，二者皆可拋。」
在虔誠的道教徒看來，不可去經商營利，因為這意味著生命
將冒危險;也不可去為官從政，因為這隨時有掉腦袋的危險。
這裏透視出道教的人生價值取向與儒家的不同。

　　道教把修煉生命，獲取不死（肉體的或精神的），看成是
大丈夫建功立業、功成名就的象徵，所以它以追求「生」為
價值目標。這也是對道家重生觀的繼承發揚。老子主張厚生，
《莊子‧讓王》也說天下至重，但不能以天下危害自我生命。
把生命的價值看得高貴於天下，在楊朱派道家中尤為突出。
《韓非子‧顯學》稱楊朱為「輕物重生之士」，《淮南子‧氾
論訓》稱楊朱為「全生保真，不以物累形」。從儒家而言上述
人物均屬反面典型、批評對象，然道教恰恰對這種「輕物重
生」價值觀加以肯定，並納入其教義發揚光大。

　　從神仙長生出發，道教建立起我命在我、神仙可學的生
命主體論。主張在生命化育歷程中奮進不息，在生死海中無
畏拼搏，勇猛精進，直至到達長生不死的理想境界。在道教
看來，個人的生命能否永恆，並非由外在他物所決定，而是
取決於內在的自覺意志選擇。成仙得道畢竟是個體的事，生
命永恆存在只能具體地體現於個人身上，所以道教與儒家的
群體主義有差異。道教在承認群體、不違背群體利益的前提
下，又給個體生命保留了一塊地盤，使個體的生命價值得以

實現。

　　《西升經・我命章》假託老子說：「我命在我，不屬天地。」對此唐初高道李榮（生卒年不詳）注稱：「天地無私，任物自化，壽之長短，豈使之哉！但由人行有善有惡，故命有窮通。若能存之以道，納之以氣，氣續則命不絕，道在則壽自長，故云不屬天地。」這意思是說，人的生命長短由人自己所把握，人通過存道納氣的修煉，延長了自我生命，甚至使生命不絕。另外，人的道德表現有善有惡，所以人的命運有好有壞，壽命有長有短。道德表現是人能自主選擇的，這種選擇決定自我的生命走向。

　　《西升經》「我命在我」的主體性原則為後世道教廣泛引用闡發。《真氣還元銘》堅信：「天法象我，我法象天。我命在我，不在於天。」司馬承禎 (647–735)《坐忘論・序》引《西升經》「我命在我，不屬於天」後指出：生命長短在自己，長壽不是天賜予，短命夭亡也不是他人造成的。既然人的生命主動權操於自己手中，通過修習坐忘之法，人就能依靠自我力量戰勝死亡，求得永生。北宋趙大信（生卒年不詳）《谷神賦》說：「養神在心，不死由我。」《太上洞淵神咒經》（初成於西晉末，盛傳於隋唐）第二卷也說：「生死在我。」是生還是死，全在於主體自我選擇，自我發揮主觀能動性。用宋石泰 (1022–1158) 輯《修真十書》第二十三卷中的話講，就是：「自家知自家性命事，自家了得自家性命便宜。」人的生命本來應享盡天年，但如果不瞭解生命的禁忌，不管死於何種原

因，都是由人自己一手所造成的。只有人才是自我生命的主宰者，人也是自我生命最危險的殺手。

　　率先將這一口號正式作為道家成仙之道精神支柱的是《抱朴子》。《抱朴子》引《龜甲文》曰：「我命在我不在天，還丹入口億百年。」雖然掌握自己的生命還要求助於「還丹」，但不管使用什麼手段，人類都有可能超越死亡。這一口號，等於吹響了道家追求長生的號角，無數人在這一口號的感召之下，將有限的生命，獻給了實踐不死之道的永無止境的探求。這也未嘗不是一種事業，是對人類自身有著巨大價值的事業。

　　陶弘景《養性延命錄‧教誡》曾引古代《仙經》云：「我命在我，保精愛氣壽無極也。」不死之道不在於服食金丹，而只須保精愛氣，就能夠壽永無極。這比《抱朴子》的說法更為樸實而易行，真正體現「我命在我」的含義所在。這種論斷，開啟了以內煉元氣為主的修煉法門。從此人人可以學仙，所謂「真人在己莫問鄰」（西晉道經《黃庭中景經》），只須在自己身體上下功夫，就可以成仙不死。這比起假借金丹之力而成仙，更有誘惑力，也更有現實意義。

　　生命是一個奇妙的現象，它既脆弱，又頑強；既渺小，又偉大；既有肉體的短暫，又有思想的永恆。但無論如何，個體的生命經歷著生長壯老死的自然過程，這是誰都能明白的事理。然而，道家對這一過程提出了質疑。難道人必須遵循這一規律嗎？人既然是一個生命的個體，而且是萬物的靈

長，難道就不能超越自身？《太平經》對那些不相信自我的力
量的人，提出了一連串的質問：

> 人命近在汝身，何為叩心仰呼天乎？有身不自清，當
> 清誰乎？有身不自愛，當愛誰乎？有身不自成，當成
> 誰乎？有身不自念，當念誰乎？有身不自責，當責誰
> 乎？（《大功益年書出歲月戒第一百七十九》）

　　人的生命控制在自己手中，所以必須「自愛、自清、自
成、自責」，這表達了道家對生命的無限熱愛，對生命的珍惜。
這種價值觀念對於自身，當然是積極的，而且是極有意義的。

　　五代強名子（生卒年不詳）《真氣還元銘》在注釋「我命
在我，不在於天」時提出：人類必須洞曉「自然之道」，使自
己的「元和之氣」運動不息，並運用一系列的修煉手段，就
能夠把生死掌握在自己手中。也許這種假設永遠無法實現，
但這一命題的積極意義是顯而易見的。自我的主觀能動性被
強調到了極點，連生命都能超越，死亡都能克服，還有什麼
不能辦到的呢？

　　抵抗死亡是人類永恆的夢想。古代的道教中人如此，現
代的醫學也想擺脫疾病的陰影，延遲衰老與死亡的來臨。所
以「我命在我」命題的積極意義並不在提示人類是否真能永
生不死，而在於道出了人類在死亡面前並非無能為力的信心。
現代的醫學正在戰勝一個又一個病魔，人類壽命的逐漸延長，

都證明道教中人想要戰勝死亡的願望並非狂熱的衝動，或者是荒唐的幻想，而是深具理性意義的理想。通過他們的實踐與努力，我們能夠感受到，今天的科學雖然不能夠實現不死的理想，並不代表未來的醫學就一定不能。基因工程、分子生物學已經帶來黑暗中之一線曙光，說明了科學是不斷向前發展的，而道教學說中的這一理想也具有真理性的成分。

不過，需要注意的是，道教中人講「我命在我」，並非全然地盲目自信，就在《太平經》的「我命在我」句後，作者接著得出切不可因此「恣意極情、不知自惜」的結論，並提出持「和」以致虛的要求。這樣就把人們的思想引導到了正確的方向。在這樣的思想指導下，他們關注天道、對人的養生修煉提出種種的要求，也就順理成章的了。

二、天人合一的天道觀念

道教中人為戰勝死亡、延長壽命、提高生活品質，進行了多方面的探討，在教義部分提出了重人貴生、形神相依、天人合一等一系列觀點。它們來自中國傳統的哲學思想，但又有實踐經驗中的體悟與發揮，為我們把握人的生命本質、瞭解人體構造原則、理解養生要領，提供了很好的條件。

道教教義遵從傳統道家的理念，崇尚自然，以天人大系統出發認識問題，而在天道觀上，還吸收了中國古代儒家思想中的「天人合一」思想，把人類的靜修體察與養生實踐，

置於一個宏觀的背景之中。在中國古代,「天」有多重含義,而道教中人去除其中的人格神靈含義,只在宇宙自然的代表意義上使用此意。道教中人尊崇老子的思想,老子說:「人法地,地法天,天法道,道法自然。」(《道德經》第二十五章)即表明天即是道,也即是自然。老子又稱讚天地的作用在於能長久,故有「天長地久」的說法,而「天地之所以能長且久者,以其不自生,故能長生」(同上,第一章)。就是說,天地能長生的原因在於順乎自然,純任自然。以後道教中人的「修道」,就是要求以天地自然為楷模,達到天人一體。在道教內修理論看來,天地是大宇宙,人體是小宇宙。個體生命的發生是宇宙的縮影,因而天地宇宙的不滅是個體生命可以永駐的根據。道教教義的修道要求雖然繁多,涉及養性、養心、養氣等各個方面,但核心就在於「象天法地」。這種認識也影響到道教養生理論與實踐模式的形成發展。

　　道教養生觀所依據的人天關係認識,主要涉及了這樣幾個方面:第一,人是自然之天的一個組成部分,所以探究人體的狀況首先在於認識所處的自然世界。遵循莊子講過的「天地與我並生,萬物與我為一」(《莊子・齊物論》)觀念,《太平經》指出:「人者,乃象天地,四時、五行、六合、八方相隨,而壹興壹衰,無有解已也。故當預備之,救吉凶之源。安不忘危,存不忘亡,理不忘亂,可長久矣。」這裏指出人與天地是統一的整體,人體的內環境系統與外界的自然環境系統相一致,二者有著共同的生成、變化和盛衰周旋的規律。

　　其次，天人在結構上有所相通。道教崇奉的最高尊神是三清，他們分別為玉清元始天尊、上清靈寶天尊、太清道德天尊。道經中認為，他們既是「道」的化身，又直接與「炁」（道炁）相貫穿。其中的元始天尊，居於清微天，所秉的自然之氣，在宇宙萬物產生之前就已經存在。「當氤氳未聯之時，湛然獨立」(元陳致虛 (1289-?)《元始無量度人上品妙經注》)，故為「天地之精，極道之祖炁」(宋李思聰 (生卒年不詳)《洞淵集》第一卷)。

　　相傳靈寶天尊乃大道的化身，不可以隨迎，視之無象、聽之無聲，存於妙有妙無之間也 (參見《洞淵集》第一卷)。而道德天尊即太上老君，又稱「混元老君」、「太清大帝」、「降生天尊」。他是太上無極達到的化身，為永恆的創世主、造物主、救世主，創造了人和萬物 (參見《洞淵集》第一卷、《猶龍傳》等)。

　　在道教宮觀三清殿的神案上，元始天尊居於中位，一般頭罩神光，手執丹丸或左手虛拈、右手虛捧。象徵天地未形、萬物未生、清濁未判、陰陽未分、混沌之時的「無極」狀態，即宇宙形成的第一階段。靈寶天尊居於元始天尊之左邊，手持太極圖或玉如意，象徵混沌始辨，清濁、陰陽初分的狀態，此為宇宙形成的第二階段。道德天尊居於元始天尊的右側，手搖太極神扇，俯視世間的萬事萬物，象徵宇宙形成的第三階段。這裏體現的便是道教中人對宇宙生成過程及其演變階段的理解。根據於天人相通的理解，他們用了人格化的方式

來表達此間之意義。

在這種教義的指導下，道教養生理論首先也關注於此方面。道教中人認為人體與宇宙自然不僅相通，而且在結構上也有相同之處。

再者，天人相應。所謂「天人相應」，不僅是指人的身體器官構造與宇宙結構相應，另外人還可以通過陰陽五行八卦等符號體系，把天地與人類組合於一個同構體系之中。為此他們追求人的生活同自然的和諧，注意年齡變化、季節變化、環境變化對人體的影響。在一些道教煉養的書籍中，提出將人身視為一個小宇宙，它和身外的自然界大宇宙有著密切的聯繫，而配合兩者使之相一致，追求大小宇宙間的統一，是「返歸自然」的目標所在。

東漢魏伯陽（生卒年不詳）的《周易參同契》是道教中較早形成養生理論的著作。它所講的就是應用《周易》裏陰陽五行八卦等框架，溝通人體與自然的道理。它為此建立了一個融天道變化與人體養生、外丹煉製與內丹煉養為一體的養生修煉體系。提出通過把握天道人道間的變化規律，尋找到其中的統一性，自法天地日月變化、陰陽消長來從事養生修煉，使人體獲得生命系統的改善與發展。

《周易參同契》開創的這一內煉思想，對道教養生思想中的天人合一模式影響深遠，唐末五代及宋元之際的煉養家在理論上多追隨其說，由此構成道教養生理念的獨特內涵。宋代道教學者俞琰 (1253–1316) 曾在其《周易參同契發揮》中

言及，魏伯陽的《周易參同契》所要表達的是這樣的意思：由於人體與天地自然的結構相似，功能相應，所以人的修煉也應建立於仿效天地陰陽的基礎之上。故通過「觀天之道，執天之行」，繼而「反求諸身」，是領會丹道修煉中火候進退奧妙的關鍵。此說被以後道教的各種煉養經籍所奉行。

由此理論生發的，是道經中注重按季節、時辰修煉的觀念。如五代施肩吾（生卒年不詳）《鍾呂傳道集》中就說：「氣液升降如天地之陰陽，肝肺傳導若日月之往復。」認為人體內氣運行及體液傳導都是和季節時日的關係密切，天時變化在人體上有反應，所以節氣時令交替之時要特別注意保健。另外，此間還有對人體具有生物節律的認識，《鍾呂傳道集》據此為各種道法修煉作出了時間、方位等方面的規定。現代醫學實驗表明，人體確有類似生物節律的東西存在，這種節律是在人類進化的漫長過程中形成的，與自然環境關係密切。現在人類生活的環境（包括自然的與社會的）都在很短時期中發生了很大的變化，這顯然使人體的生物節律難以立即適應。所以必須用種種方法來調劑，使人不致因環境變化而影響健康，而在這一方面，道教的養生觀念可作為思想行為上的參考依據。

「天人相通」，甚至是天人相應的思想，為道教養生修煉提示了追求與自然相和諧、相一致的境界，而通過這樣的「天人合一」，人也能更好地理解個人與自然的融合關係，從而使得個人之身心獲得調適，保持健康，進而長壽、長生。這是

上述觀點中具有真理性的部分，但是在這些論述中，也有著過分講求天人的相附，導致籠統認識的不足之處。

三、形神相依的人體認識

形神關係是中國哲學的重要命題。道教對於形神的探索，是從養生方法的理論基礎出發，沿著形神關係發展的，因而具有自己的特色以及較強的實踐意義。《莊子‧知北遊》認為：「正汝形，一汝視，天和將至；攝汝知，一汝度，神將來舍。」神能守形，形就長生。因此，道教始終認為神形相依，而在養生實踐中，當既注意鍛煉形體，又注意精神的健康。

陶弘景曾簡明地闡述過道教與佛教的重大區別，他提出仙家與釋家的性質（體相）差異，主要表現在對形神關係的不同理解和追求上。「凡質象所結，不過形神。形神合時，則是人是物；形神若離，則是靈是鬼。其非離非合，佛法所攝；亦離亦合，仙道所依」（《答朝士訪仙佛兩法體相書》），這裏是說，形神相合，或離合自如，是仙家的根本特點，與佛教不求形神相合有相當大的不同。之所以會有這種差異，是因為道教講究煉形，「以藥石煉其形，以精靈瑩其神，以和氣濯其質，以善德解其纏，眾法共通，無障無礙」（同上），所以建立了形神統一的生命觀念。

老子在《道德經》第十章中說：「載營魄抱一，能無離乎？專氣致柔，能無嬰兒乎？」主張精神與形體合一不離，人修煉

的理想狀態在於像嬰兒一樣柔和自如。而能夠達到如此效果的原因，在於真氣的聚積。由此可以推測形神能夠統一的原因，是在於受到了「氣」作用。《太平經》繼承了這一觀點，認為氣的聚積可以使意念集中於一點，於是身體在氣的運化中發揮奇妙的功能，於空虛之處屈伸自由，身體也像嬰兒一樣柔軟。這樣，精神與形體也就集中一竅。所以其主張常合形神的「守一」之道：「人有一身，與精神常合併也。形者乃主死，精神者乃主生。常合則吉，去則凶。……常合即為一，可以長存也。」

　　葛洪把「形」比作堤，「神」比作水；把「形」比作燭，把「神」比作火，認為堤壞則水不留，燭糜則火不居，故形神間有相互依存的聯繫，而精神依附於形體。這些說法從當時人們「形神統一」的觀念出發，又加入了自己的理解，特別是使精神常守形體的說法，使其既要養神又要修形的養生觀念找到了立論的基礎。

　　魏晉前後的道教中人，依據形神相依、形須神立教義，把「神」予以人格化，從而展開關於修煉身心的思考。當時的道門中人提出，「神」不是完全抽象、不可捉摸的東西，它可以通過想像表現出來。「神」遍及於人的全身，所以人身中五臟六腑器官中都有神。這些神擁有姓字服色，各有其職能。比如，他們稱人的腦部為「泥丸」，道教上清派經典《黃庭經》中有「腦神精根字泥丸」即是此意。此書中還把這一泥丸即顱腔分為九個空腔，稱為九宮，說其中的泥丸宮中居住的是

「太一帝君」，發揮總領眾神的作用。無英宮主肝，白元宮主肺，桃康宮主腎，其他各宮也有各自的功能「聯繫單位」。這種說法提示人的意識系統（即「神」）不僅能夠處理來自感覺器官的獲得，還對人體中的各個器官進行調節作用。

唐代的吳筠 (?-778) 在《形神可固論》中對形神的統一修煉作出專門的論述。他認為，人是依靠自己身體內的精、氣、神而生存的，這個身體也就是「道之器」。人們要想獲得長生，就必須修道，修煉體內的精、氣、神。有身而不加煉養，沉溺於色、聲、香、味以快其情，用祈神拜佛的方法去追求長壽，就如「止沸加薪」般是枉費心機、毫無意義的。這一觀念從醫學角度來說，是以全面提高人體內部生理和心理功能為出發點的，與西方人注重於人體肌肉、骨骼、韌帶等體能強化的健身觀有所不同。這一思想，奠定了我國古代養生體系的基本特點。

魏晉時期的道教中人都認為，各色各樣的神存在於人身之中，是人能獲得形體安康的原因，也就是說存神則可以安形、固形。但由於外界有色、香、味、欲的引誘，人身之神往往會被誘引而外逸。神離開了形，即生機離開了形體，神不守舍 (形)，形體就會敗壞，生命就要死亡。所以欲求長生，必須存神於形體之內。所以「守靜存神」被認為是人的形體修煉的實踐功法，其中包括內觀、存思、守一等各種道術。

從總體上看，道教學派中人向來注重對人的形體與精神的雙重修煉，不過在其前身道家那裏，較多關注於「神」在

其中的作用；到魏晉時期，則更多強調形的重要性；到了唐宋之後，受到佛學心性說的影響，把形神關係轉換成性與命的關係辨認，而且對其中的「性」即精神性的東西有了更多的關注。這樣一來，使得道教修煉在形神問題上始終有不同注意點，也使得人們對形神關係的辨認產生一定的興趣。

全真教徒李道純（宋末元初時人，生卒年不詳）曾對此問題做過較為系統的論述，他在《性命論》中說道，「性」是「先天至神一靈之謂也」，「命」是「先天至精一氣之謂也」，兩者的關係為：「是知身心兩字，精神之舍也。精神乃性命之本也。性無命不立，命無性不存。其名雖二，其理一也。」兩者之間存在著辯證的關係。認識此特性則應進行性命雙修，做到「身安泰則命基永固，心虛澄則性本圓明」，於是便能達到「無來無去」、「無死無生」、「混成圓頓」、「形神俱妙」的佳景（見《中和集》第四卷）。他的說法在當時道教全真派中頗有代表性。

在這一基礎上，全真教派還對「神」本身的內容、其與「氣」的關係、以及各種具體的修煉方法加以討論，從而豐富了其中的內容，也為人們在規劃修煉進程方面，提供了理論上的根據。

四、眾術合修的煉養思路

關於如何進行「靜心」的修煉，道教中人也有自己的看

法。葛洪提出「藉眾術之共成長生」觀點，受到了教派內外
人士的認同。

　　先秦時期，先人為了尋求長生已經實踐過大量方法。道
教由於有較具系統的教義思想和明確的長生目的，因而能全
面繼承這些養生方法，博採眾長，不偏執一家，並且在自身
的修煉實踐中全面推進各種養生方法。葛洪提出：「凡養生者，
欲令多聞而體要，博見而善擇。偏修一事，不足必賴也。」（《抱
朴子》第六卷）他反對並抨擊那些「知玄素之術者，則曰唯
房中之術可以度世矣；明吐納之道者，則曰唯行氣可以延年
矣；知屈伸之法者，則曰唯導引可以難老矣；知草木之方者，
則曰唯藥餌可以無窮矣」（同上）的養生偏見，提出了眾術合
修，取長補短的養生主張。

　　關於眾術合修的理論，葛洪的《抱朴子》中還有其他的
說法，對後世道教養生學發生很大的影響，而其後的陶弘景
對此思想觀念作出了具體的闡釋。他在《養性延命錄》中，
輯錄了自上古以來的養生理論和養生術，其中包括有虛靜、
息慮、服氣、導引、煉丹等各式煉養內容。以後從唐初孫思
邈 (541–682) 的《千金方》（包括《千金要方》和《千金翼方》），
以至明清的養生著作中，都廣收行氣、導引、服食等養生術。

　　眾術合修是道教養生的一個重要原則。它要求用不同方
法、結合不同流派來進行養生修煉，其中包括探討養生諸因
素時，兼顧生理、心理、自然和社會各方面影響；兼修各種
方法、反對單習某種方法等等。《太平經》在主張「日煉其形」

的同時，又提出養神的重要；陶弘景列舉了近十種養生大要，就是這種思路的體現。

過去歷史上有人根據修煉內容的不同，把道教劃分為清淨派、煉養派、服食派和符籙派。在這個過程中，有人認為符籙派（天師道）專事符籙，不問煉養，實則這是一種誤解，殊不知天師符籙派也是講究眾術合修，各術並重的。另外，在煉養方法上，也有動功、靜功、動靜雙修、氣功之分，形成了外煉、內丹等不同門派，各個流派也有不同融合之處，同時又有相互之間的貶斥和爭鬥現象。但最後大家都達成共識：要博採眾長，不能偏執一家。這種思想反映了中國古人要求取長補短，全面發展的主旨，很有理論上的意義。

上述的各式理念，為各時代道教學者的養生實踐提供了良好的基礎。我國的各式「靜心」煉養活動，就是在如此豐厚的思想基礎上生長起來的。

總體來看，建立於上面各項基礎上的道教養生實踐大致有了以下一些特點：

1. 特別注重精神調攝的作用，認為心身相關，好的體魄與心理健康密切相關。

2. 注重開發潛能，認為人體是個系統，人類在這方面的認識才剛剛開始。

3. 將呼吸的調整與意念的運用相互結合，並要求按照一定的程式進行鍛煉。

4. 運用了中國傳統醫學中的諸多理念，並將其中對人

　　體的觀念奉為先導。

　　5.與動功相互配合，體現動靜結合的特點。

關於這些觀念的具體運用貫穿，將在下面各章節介紹中逐一
地展開。

第三章

靜慮凝神中的「道」把握
——道教的養神之道

唐代以後的道教中人，往往以單純的「守靜」為修真首要之道。《老君清靜心經》中說：「內觀其心，心無其心；外觀其形，形無其形；遠觀其物，物無其物。三者既悟，唯見於空。」即是提示，守靜的最高境界即是空寂忘我，俗念盡除。

一、「身清神靜」的修道主旨

以老莊哲學的宇宙觀、人生觀和方法論作為教義基礎的道教，把他們提倡的清靜無為、靜觀玄覽、含德抱一、虛心坐忘，維持內心安寧，作為精神上的追求，於是與古代人們所實行的靜修功夫自然結合，演化成教派中的「靜功」之道，為我國養生修煉提供了新的內容。

養神之道，始於何時尚難確定，早在《老子》、《莊子》和中醫典籍《黃帝內經》中，就已提出「專氣致柔」的養神宗旨。《老子》中有「虛其心，實其腹」、「致虛極，守靜篤」、「專氣致柔能嬰兒乎」等論述，可以看作是這種觀念的發端。真正將它作為一種修身的理念，並付之於煉養實踐的，大概是在魏晉時期。《西升經》上說：「養生者，其身清；修心者，其神靜。靜則不勞，清則無染。不勞不染，與道同身。」意思為，通過保養人的形體，能達到身清即沒有疾病、肌體靈便的效果。通過養心即精神上的修養，能達到神靜即精神安定的效果。做到了這兩個方面，也就將「道」藏之於身了。這段話反映出「靜心」修養與修「道」之間的關係。一切眾生都稟賦於道，或與道有著同一的、不變的真性，這就是他們能夠通過修道得到「道」的內在根據。

活躍於晉唐時代的道教重玄學派曾指出，道與眾生之關係，就像用印泥印字，不管印了多少次字於印泥中，都不影

響本印中的字數。而印泥中字雖與本印字同，卻不能代替本印中字而獨立存在。所以唐朝道士王玄覽 (626–697) 在其《玄珠錄》中說：「明知道中有眾生，眾生中有道。所以眾生非是道，能修而得道；所以道非是眾生，能應眾生修。是故即道是眾生，即眾生之道。」此言可以理解為：學道的過程與眾人之生存追求聯繫在一起，保養身體等鍛煉並不與修道原則相違背，相反的還能通過此途徑，使「道」之理得到貫通與發揚。這樣的想法，把道教的義理把握與養身實踐做了有機的結合，所以有人把這種觀念視為修道、修心與修身之間的一致性。

　　從具體做法而言，「靜心」的修煉方法也會在不同的時期，借不同人物的探討，而形成不同的重點。雖然主旨相差不遠，但在所考慮的內容、欲達到的目的等方面，還是略有不同的。以下就幾種不同的煉養功法作介紹。

二、「守靜存神」的修行實踐

　　道教中人認為，養生以靜心為前提，但這不是人人都能自然做到的事情。為此他們在吸取前人經驗的基礎上，設計了一些輔助性的功法，以求為人們達到此境界創造條件。這其中包括有如下幾種類型：

㈠存思類

　　存思，也稱作存想，道教中人認為它是指閉眼靜思某一特定對象，使外遊之神返回身中的一種修煉功法，也可產生接引外界五行諸神進入人身的作用。道門中有「修身濟物，要在存思」、「為學之基，以存思為首」（《雲笈七籤》第四十三卷）的說法。

　　早期道經《太平經》中有數處關於此術的記載，其中的懸象存思法，要求在掛上畫像的房間裏，無閒人干擾，窗口採光明亮，又與四時之氣相應，修煉者可臥於此間，達到「萬疾皆愈」的效用。

　　六朝時存思術臻於成熟，上清派被認為是以存思見長的道派，此派道經《上清大洞真經三十九章》（或說為東晉楊羲假托神靈所造）和《黃庭經》，被認為是各種存思術的集大成之作。兩書中的內容相似，不過前者繪有存思的圖案、道符、對存思的次序、方位（東西南北）、存思的部位（心脾肺腸）與駐神的名稱、修煉的步驟等記錄詳細；後者則以詩詞為體，語言優美，易於記誦。

　　道教徒修煉時存思的對象，有身內五臟六腑、身形諸神，也有身外景物。其中以存思臟腑法最為常見。這裏的五臟是指肺、心、肝、腎、脾。存思中的五臟形狀與現代解剖學中的相應器官並不完全一致。《黃庭經》對五臟之神作出提示，

說其中的心神名丹元字守靈，肺神名皓華字虛成，肝神名龍煙字臺明，腎神名玄冥字育嬰，脾神名常在字魂停。以後作者又以七言詩的方式，對五臟神的姓字名諱、衣著顏色、方位、大小及其相關功能，作出具體的描述。此書中對於六腑只涉及「膽」，這種思路也一直影響於後世的丹道學說。

　　存思外景中最常見的為日、月類。當然其出現的景象各有不同狀態。如《真誥》第十卷《青牛道士口訣》云：「暮臥，存日在額上，月在臍上，辟千鬼萬邪，致玉女來降，萬禍伏走秘驗。」也有思日在面上，月在足後等狀的，總之是日月雖在體外，卻離身不遠。《黃庭經》記有日月交合之存想方式，而《雲笈七籤》第四十五卷中記的是「服日月芒法」，具體方法為：常存心中有日象大如銅錢，赤色九芒，從心中出喉，至口中，復反還於胃。存思良久，吐氣咽津若干次。服月華法為存思腦中有月象，放白光，下照入喉，服咽其光。另外還有奔日月法，極盡想像之能事，上天入地，無所不能。南北朝《太上玉晨鬱儀結璘奔日月圖》中除記有奔日奔月法術，還繪有圖像，對其法式記之甚詳。

　　道經中還記錄有「服元氣法」、「存星術」、「存炁法」等，各法均以傳統觀念中之天體結構、陰陽五行演化規律等教義為根據，體現了深厚的理論底蘊。這些法術都以通過想像吸收外界生命能量為前提，大都配合以道教修持術語，一般所想的內容都呈美好、祥和的景象，包括人物或人體內部臟器等的想像，也不例外。

　　存思的修煉方法被以後的内丹術所吸收，成為其功法中的組成部分。然與此同時存思方法並沒有因此消失，而是在内丹術套路的影響下，形成了新的形式。存思居上丹田的太一帝君神等，即是其中之例。而通過臆想某種畫像中神靈形象的做法，在後來的修煉過程，變成了輔之以神像供奉。道教徒在舉行齋醮科儀時，也有以存思之法作為招致神靈手段的内容。數種不同修煉方式，體現的都是達到人神相通，便能獲得靈驗的「天人合一」意義。

　　行存思之法，都有一定的儀式程序，有的輔助手段還相當複雜。比如上清派道書《存思三洞法》說：「常以旦思洞天，日中思洞地，夜半思洞淵，亦可日中頓思三真。」所存想的内容涉及天地山川。其存思之法，要求先入室東向，叩齒三十二通，眼目依次思洞天三真；各咽九氣，三真「下入兆身」中之「泥丸上宮」、「絳宮」、「臍下丹田宮中」。咽三洞氣畢，仰念祝詞；然後轉向南，思洞地之皇君，感受「靈符」、「秘言」，仰念祝詞；再轉向北，思洞源之仙君，感受「寶符」，仙君「入兆身臍下丹田宮中」，思畢便仰念祝詞；然後再轉東向，叩齒九通，咽氣九過。所以《存思三洞法》說：「子能行之，真神見形。」道教認為存思可以預知吉凶，去惡獲福，長生成仙。

(二)內觀類

亦稱內視、返觀、內照等。其法認為，經過修煉，人可以閉目內視，清楚地看見自己體內的五臟六腑等。內視法與存思法有相近之處，均以具體形象反映心理，不過內觀術做法比較直接，以滅動心為目的。

成書於隋唐的《太上老君內觀經》對內觀之法闡述較詳。說道人的生命形體受生之時，則陰陽五行諸神，皆已布於全身。在頭部被稱為泥丸的地方，有一位太一帝君居住其中，他是人體眾神的總指揮，能發揮關照人的生命體並辨識人的精神魂魄的作用。在人的心臟處，有司命之神居處，其中的無英神居於左面，具有控制三魂的作用；白元神居於右面，他具有統攝七魄的能力。兩神合力，則心源得到收納。另有一神名桃孩，他居住人體臍部，工作是保精根。人身之中百節諸臟器，均有神的駐紮，故一人體中擁有之神靈不下百種，可謂是「周身神不空」。人在始生之時，是「神源清淨，湛然無雜」的；在受約有形之後，則「形染六情，眼則貪色，耳則滯聲，口則耽味，鼻則受馨，意懷健羨，身欲輕肥，從此流浪，莫能自悟」，造成所謂「神不守舍」。由於「心者禁也，一身之主，禁制形神使不邪也，心則神也」，所以內觀己身，是為了澄其心以求存其神的目的。只有做到「內觀不遺」，才能獲得「生道常存」的效果。

道經中也有對內視養神具體功法的記載。據南宋初道士曾慥《道樞·眾妙》所言，修煉內視一般要求用意念中的眼目內觀五臟，若真有所見。又存想體內五臟如懸掛的古式鐘

磬，五色分明。想像中的肝呈青色，心現紅色，脾為黃色，
肺呈白色，腎為黑色。一般要求觀想時先想清一臟再想下一
臟，其次序則按照五臟相生而行。也有想像有熊熊大火焚燒
自身內部臟器的，如「至遊子焚身法」中所述。內視練功時
取站、坐、臥的姿勢均可，手足隨意放置，只要求做到兩目
輕閉，全身放鬆。

　　練習內視功法可採坐姿，具體練法為：左手抱臍下，右
手握固置大腿上。待神氣安定之後，想像有熊熊大火在心臟
中燃燒，接下來焚燒至肝臟、肺臟等部位。待燒完畢，又自
鼻孔微微呼氣，再想像大火向下焚燒下丹田。待想像丹田熱
到相當的程度，可再想像太陽或月亮(根據白天或晚間而定)。
最後屈膝、兩手抱膝下，使熱散布全身，至出現全身均熱的
感覺時才停止。

　　內視對於入靜止念也有一定的效用，故在以後的內丹術
中也被吸收，繼續運用。

(三)守一類

　　是一種閉目靜思至高無上的「一」或「氣」，使它們常住
自己身體的方法，其目的在於使自己的精神完全，不致喪失。
與內觀、守靜、存思等方法不同的是，它們都要求使意念關
注於身中幾處之神，而守一之法只是專注於「一」。《雲笈七
籤》第三十三卷說：「凡諸思存，乃有千數以自衛，率多煩雜

勞人，若知守一之道，一切不須也。」即提示此種特點。關於
「守一」的作用，《太平經·聖君秘旨》中說得比較詳細，以
為在於：「可以度世，可以消災，可以事君，可以不死，可以
理家，可以事神明，可以不窮闔，可以理病，可以長生，可
以久視。」也就是說能達到對外應世與歸內修身的相互一致。

　　關於人身中之「一」究竟是什麼？「守一」當守何處？在
道經中的解釋並不一致。《太平經》說：「故頭之一者，頂也。
七正之一者，目也。腹之一者，臍也。五臟之一者，心也。
四肢之一者，手足心也。骨之一者，脊也。肉之一者，腸胃
也。」認為「一」分散在人身內臟的各個部位，大致包括有心
臟、頭頂、眼目、手足、肚臍、腸胃等人體器官。其間似乎
沒有一個處於絕對中心位置的「一」可守。

　　但是《抱朴子·地真》說法又與《太平經》有所不同，
其中提出「一」有姓字服色，男長九分，女長六分，或在臍
下二寸四分下丹田中；或在心下絳宮金闕中丹田也；或在人
兩眉間，卻行一寸為明堂，二寸為洞房，三寸為上丹田也。
可見「一」是具備形體的、類似於神靈的東西，主要活動於
上、中、下三丹田部位。這似乎與存想的思路比較接近。

　　後世道教說「守一」，大都沿用《抱朴子》之說。以後在
內丹學說的丹氣法、丹法中，都有守丹田之說，便是守一之
法的演變。另據《雲笈七籤》載「元氣論」說：「一者，真正
至元純陽一氣，與太炁合體，與大道同心，自然同性。」這時
的「一」又有了「氣」的內涵。由此可見，關於「守一」的

含義，也是根據於時代的認識發展而有不同的變化的。

　　在早期道教中還有一種「守三一」的做法，是指存想並列的三個對象。至於在修此法時具體守哪個對象，則說法各有所不同：有的說是守虛、無、空，有的說守精、氣、神，也有守身中三宮神或守青、赤、白三氣等等。

　　關於「守一」的作用，當數《太平經》所說最為全面，其中言及「守一」法有數種。《太平經鈔壬部》解釋其意言：「古今要道，皆言守一，可長存而不老。人知守一，名為無極之道。人有一身，與精神常合併也。形者乃主死，精神者乃主生。常合則吉，去則凶。無精神則死，有精神則生。常合即為一，可以長存也。……故聖人教其守一，言當守一身也。念而不休，精神自來，莫不相應，百病自除，此即長生久視之符也。」總之，雖然守一方法有所不同，但其作用還是相對一致，那就是能通過意識的作用，使精神與形體相合，從而獲得消除百病、長生久視的結果。

㈣行氣法

　　也稱煉氣、食氣、服氣。它以呼吸吐納為主，有時輔之以導引、按摩等術。有內息法、外息法之分。

　　《雲笈七籤》用了七卷篇幅記載魏晉至宋的諸家行氣功法，其中做法各有特色。比如陶弘景有種六字訣的行氣法，就很有意思。他要求行氣時「以鼻納氣，以口吐氣，微而引

之，名曰長息」（《養性延命錄‧服氣療病》）。納氣無聲，但吐氣時卻可發吹、呼、唏、呵、噓、嘻等六種聲音，發何等吐氣聲則根據天氣的寒暖、體質的虛實、身體臟器的狀況而定。道教中人認為其有治療疾病的功效。

　　胎息也是行氣法中的一種，意思是煉氣到深入層次時，可以不用鼻口呼吸，而靠腹中內氣在體內流轉運行，就像小孩子在母腹中所呈的狀態那樣。道教中人認為煉氣到此階段，就能返本歸元、長生不死，故視其為修仙的極高階段。修習胎息也有不同的方法，葛洪《抱朴子‧釋滯》中記的是閉息法，要求「以鴻毛著鼻口之上，吐氣而鴻毛不動為候」；梁丘子（生卒年不詳）《黃庭內景經注》中所述則為：「納五六息而吐氣，至十吐氣，稍作頻伸，從頭吐納，久久行之，漸至不吐不納。」這裡的「稍作頻伸」，可能是指在練功時動作幅度不大，但頻率較快的意思。《雲笈七籤》第五十八卷收有《胎息口訣》，對其法記之更詳。

　　現代醫學認為此法類似動物之冬眠，通過入靜達到人體功能的減緩運行，使身體的新陳代謝過程減慢，從而讓體內各器官得到放鬆與休息。這樣做後，人體的生理節奏得到了調節，各部器官功能也因此得到改善與增強，由此獲得延年益壽的效果。

三、神不出遊之法

　　雖然在魏晉時代的原始道典中，以玄想神靈為守神的主要內容，但是修煉者藉此舉所欲實現的，還是定心靜養。道教徒通過存想、內視等，欲達到的是靜神定心，亂想不起，進入虛靜的心理境界。所以如果練習方法得當的話，也可以直接進入閉目思尋，表裏虛靜，外藏萬境，內察一心，念念相繫，是非莫識的階段，而越過玄想、存思等各種前習過程。《太平經》第七十三卷、第八十五卷中說的「求道之法靜為根」、「久久自靜，萬道俱出，長存不死，與天相畢」，就是這一層意思。自這一要求出發，「守靜」的方法也可以只要求人清靜自居，除去俗念妄想，使神常存於身。道經上說到，通過此舉也可以達到百病不加，凶邪不入，守靜不止，長生不死的目的。

　　唐代以後的道教中人，往往以單純的「守靜」為修真首要之道。收入《雲笈七籤》的《老君清靜心經》說：「內觀其心，心無其心；外觀其形，形無其形；遠觀其物，物無其物。三者既悟，唯見於空。」即是提示，守靜的最高境界即是空寂忘我，俗念盡除。

　　此類方法源出老莊，《莊子》中有「心齋」，並提出了一種「形似槁木，心如死灰」的人物形象，即為此法之淵源。以後如唐時成書的《齋戒籙》等道書，把它演變為一種修齋

方法，要求從調心入手，以空虛心念、使其契合於虛無之道為修習之要。

魏晉時的《西升經》具體解釋說，貴養神而輔養形，以清靜自心、收心離境、冥思絕虛為要，是一種重要的煉養之道。該經《身心章》云：「常以虛為身，亦以無為心，此兩者同謂之無身之身，無心之心，可謂守神。」可以說是對此類以除嗜欲、絕思慮為要求的具體詮釋。

道教的很多教派，都把它列為教派齋法中的一種，道書中有關守道、守神、心齋、定觀、澄心、觀心、坐忘等名目，都與這種修煉方法有關。符籙道派把這種功夫作為祈神、齋醮之前的必要準備工作，另外在內丹修煉的第一階段「煉神還虛」過程中，也有這方面的要求。

這種「守靜」看似簡單，卻不容易一蹴而就。《坐忘論》一書中，較為系統地論述了這種養神之道的步驟。其中提出，養神之道是一個循序漸進的過程，「安心坐忘之法」可分為七個階段：

⑴信教：「夫信者道之根，敬者德之蒂。」「根深則道可長，蒂固則德可茂。」保持信念，即具有對循道而行能力的自信，並對自然之道懷有敬畏之心，是此法成效的前提條件。

⑵斷緣：即要求「去物欲，簡塵事」，與一切有為俗事相隔絕，除去對物質利益的追求。

⑶收心：物欲之起，皆因我之知覺、感覺及思維意識的存在，欲長生則必須「塞其兌、閉其門、終身不勤」。不再接

受外物之信息。

(4)簡事：一切身外之物，皆「情欲之餘好，非益生之良藥」，孫思邈認為「多欲則志昏」，故事養生者須簡斷事物，欲心不起，「必清必靜，無動汝形，無搖汝精，乃可以長生」。讓思緒收攏，專注「守靜」一事。

(5)真觀：收心簡事之後，「日損有為，體靜心閑，方能觀見真理」。不僅收心一時，而是要持之以恆。

(6)泰定：收心之後還要虛心、安心，心不納外事，也不分心於外界，即「心無所定，而無所不定」。進入一種特定的狀態。

(7)得道：至此達到處物而不染，處動而不散，本心不起、離乎萬境的養神之道的最佳境界。

此書作者司馬承禎 (647-735) 自謂，之所以要作這方面的概括，是因為有感於當時道教煉養術多以存思身神等方法入手，不注意對精神狀態本身的調養。為此他特上天臺山向佛教徒學習坐禪的道理，所以作出的總結已經立足於對各種「靜修」方式的比較。

司馬承禎在另一本著作《天隱子》中又將修煉的具體方法分為「齋戒」、「安處」、「存想」、「坐忘」、「神解」五個過程，使清靜無為的養神之道趨於完美和系統化。這些思想也被「靜心」修行者遵從，並加以傳播。

這裏的各式修煉方法，以能調動人的意識，使其發揮功能為主。《坐忘論》，以「五時七候」指稱修習者的心身隨功

夫漸進之效應，這裏的五時，是指心的由動多靜少、到靜少動多，乃至動靜相半、靜多動少的過程，最後達到一向純靜，有事無事，觸亦不動的「真定」階段，再自此升入於七候。在此過程中，人的身體逐漸產生變化，驅除了種種疾病，進入身輕心暢的狀態；進一步再有可能返老還童，以至於「延壽千歲」，成為道教中人羨慕的仙人、神人，甚至至人。從現代人的眼光來看，究竟能否有如此的神效，還是有待論證的，但是通過這些修煉過程，人在運轉意識過程中，的確能排除雜念，集中精力。或許也是由於此類方法具有如此的功效，所以才在現代成為最能吸引人們興趣的修煉方式之一。

前幾年，在國外特別是在日本盛行一種名為「超覺靜坐技術」的方法，以開發人體智慧為目標。它的做法是按一定肢體安頓要求閉目靜坐，讓人逐漸地進入平靜狀態，直至獲得類似「入定」甚至「忘我」的效果，據說具有健腦的作用。其中最為簡便可行的是由日本川畑愛義 (1905–2005) 博士創制的「三分鐘超覺靜思」方法。其法要求人清除雜念，使頭腦處於一片空白，在用「超意識」守住此種狀態的同時，向大腦輸入優化指令。在操練時有時要求默念一些能代表自己願望或信念的言詞，擺出雙手合抱於胸，手指向上的姿勢。據說只要花上三分鐘時間，就能使人精神煥發。這種超覺靜思方法的由來與「靜心」的「養神」法，有著重要的聯繫。

川畑愛義曾解釋「超覺靜思」與「閉目而思」的不同，在於前者著眼於「自我意識」。即通過安神、內視，控制感覺，

把意識集中於一點，進入萬念皆空的境界。他認為自己的想法受到過宗教文化的啟示。經過實踐，許多現代人感到此類方法遵循「恬淡虛無，真氣從之」的原則，使人能通過保持安靜無欲的心態，避免過度的思想憂慮和精神負擔以傷神傷腦，達到養腦的目的。眾多事例表明，類似超覺靜思的方法，能發揮令人頭腦清醒、耳聰目明、精力充沛、心平氣和、記憶增強等健腦益智功效。目前世界上已有一百二十多個國家正在推行這項健腦術，還有很多自然科學和社會科學家從事這項研究。他們普遍認為這種以自我意識為中心，調節情志、舒通氣血的辦法，能使人精神集中，控制意識的運作，達到延年袪病的目的。

四、清淨心性的成道之途

晉唐時代的道教中人，還從「天人合一」的觀念出發，吸收儒、佛兩家的思想，從人性的角度著眼，提出道性即眾生的心神，也就是「清淨心」的思想。他們認為眾生心神得自道體，本來清淨澄明，具足一切功德智慧，但為後天塵緣迷惑染蔽，以致心動神馳，與道隔斷。若能方便修行，斷諸煩惱，清除污垢，恢復本心，則能復歸於道，所以修道即是修心。《坐忘論》中說：「原其心體，以道為本，但因心神被染，蒙蔽漸深，流浪日久，遂與道隔。若清除心垢，開神識本，名曰修道。」即是這種觀點的表述。因而他們提出，要以

自身所具的清淨心性為成道之本，以遣除妄執為得道成真之途徑。在此時，養神之道作為一種教義，被認為是某種人生的境界。它在心理上追求清淨恬靜，安詳自在。這是一種為人的風度，做人的標準。這可以被視為「靜心」修煉的第三層面的解讀。

這種思想自源頭而言，既有對老莊守道、守神說的吸取，也有對佛教天臺止觀、禪宗禪法等思想的引入，同樣具有了佛、道融合的特點。南北朝時期的道經《洞玄靈寶定觀經》中有「定觀」的說法，就是在吸收佛教「止觀」說的基礎上提出來的。唐代道士冷虛子（生卒年不詳）在注解此經時，曾把煉神的方法定位於「定觀」。他並解釋道：「定者心定也，如地不動；觀者慧觀也，如天常照。定體無念，慧照無邊，定慧等修，故名定觀。」也就是要做到定慧的雙修。這應當就是此類養神方法的要領了。

《坐忘論》言及「坐忘」之道本出《莊子》，而所修習的方法以「收心離境，住無所有，不著一物」為要，以達「內不覺其一身，外不知乎宇宙，與道冥一，萬慮皆遣」的靜定之境為成就。入門七步宗旨在於調攝心理，以防出現斷、任、放、縱四種偏執，既不住有，又不住空，「但心不著物，又得不動，此為真正定基。」這類坐忘法，可謂佛教止觀與老莊坐忘之道融合的產物，也可作為養神方法的較為完整的表達。

被全真道奉為重要經典的《清靜經》，在言及養神時，要求以「澄心遣欲」為宗，以內觀「心無其心」、外觀「形無其

形」、遠觀「物無其物」為遣欲的要訣，以達「寂無所寂」的「重玄」境界為究竟，此時的佛教止觀的氣味則更為濃烈。

大概成書於唐代的《三論元旨》，依「重玄」哲學，分養神入定為「攝心歸一」（安定）、「灰心忘一」（滅定）、「悟心真一」（泰定）三個階段。提出一開始的做法是以一念攝萬念，「內靜觀心，澄彼紛葩，歸乎寂泊」。若心念浮躁難收，則用「放心遠觀」之法，縱心遠觀四方無極世界，至無可觀處，然後攝歸，從頭至足，觀身體虛假無常。又可心依氣息而觀，或「怡神而已，精照一源」，由此達寂定不動。

其次是達到「忘心遣觀」的階段，此時要求連寂定的心念也泯滅，使形同槁木，心若死灰，境智雙忘，此即所謂「灰心忘一」的真諦。

再次則由忘一而達真一，此時人之心能與道即蘊藏於事物、人之形體背後的道理（或規律）相符合，從而進入到因忘而明、因明而達、「悟心真一」的境界。這樣就進入了《莊子》所說的「宇泰定則發天光」最高境界。

宋代以來，上述道教養神之道被進一步與禪宗之禪融合，與提倡明心見性相提並論，被譽稱為內丹中的「上品丹法」、「最上一乘頓法」，明顯帶有時代的印記。同樣講此類「靜心」修養，儒家較多強調顯示生命價值在社會中的自我實現，佛教教義偏重於內在精神生命的心理自足，而道教中人則更看重人在生命上的永恆和在生命過程中的愉悅和快樂。或許正是由於這一點，道教這方面的觀念被認為是更包含有哲理，

具備高雅與脫俗的情趣。在中國唐宋以後，更多的士大夫、文人在不相信「丹藥奇技，符籙小數」的同時，又把「靜心」的生命觀以及支撐它的思想、方法看作道教的「精華」，把這類守靜養性的理念，視為道教的「正宗」，並進而把它引入生活，作為自己人生失意、精神鬱悶時的化解良方。

宋代著名文人蘇軾雖然鄙視道教的法術、符咒和齋醮，但對其中的清心寡欲、養氣守神的理論卻十分讚賞，認為它能「以清淨無為為宗，以虛明應物為用，以慈憫不爭為行，合於《周易》『何思何慮』，《論語》『仁者靜壽』之說」（參見《東坡先生全集》第十七卷《上清儲祥宮碑》）。此說得到了同時代理學代表人物程頤 (1033–1107) 等人的讚同。

應當說，在其中反映的是自然恬淡的生活情趣，無思無慮的心理狀態，當它們與保養軀體的生理要求相互結合時，就形成了一種獨特的人生意象，包含有在精神與形體雙重的自由追求，所以形成一種深刻的對生存之道的體悟。在這一思想的影響下，中國人懂得了這樣的道理：在有限的生命歷程中，盡可能地舒展自身天性，擺脫一些內在和外在的壓力，滿足自己的一些合理欲望，使自己在心靈上獲得自由。

五、靜修之道的現代解釋

上述各種養神修習方法，雖有理解與運用方法上的不同，但從做法上看，均以靜坐冥思為要領，要求攝念持心，達到

意念集中、為專注煉養提供條件的作用。它們大都吸取民間養生方法的精華，又糅合道教學派對自然、道的理解。

　　值得注意的是，道教中人對這種修煉方法的創制，並非只是對前人經驗的模仿，而是加入了自己研究的成分的。如《黃庭經》中提出的凝神對象，除遍布於人身之外，更多的在於人腦的泥丸之中，這種說法就與同時代的醫學學說有很大的不同。據史載，中國醫學在先秦時期是有人體解剖門類的，但在進入漢代之後，由於受到儒家學說的限制，不能再隨意進行此類實驗。《漢書‧王莽傳》中記載，東漢新莽時期，王莽（西元前45-西元23年）在逮捕翟義黨王孫慶之後，同意太醫尚方與巧屠共同把這個人「刳剝」了，雖然他們做的是「量度五藏，以竹筵導其脈知所終始」，並說明是為「可以治病」之用，但史書作者還是把它視為其罪行之一。可見此時解剖已受到了禁止。

　　但是在道教學派中，卻沒有被這一無形禁令限制住。前述《黃庭經》所及泥丸眾神，功能十分齊全：有的分管記憶，有的管出圖像，有的對兩者有綜合功能，有的則加作用於五臟六腑。雖然本身的認識還比較有限，但已對「腦」作為人的思維器官有了明確的認定。考慮到此書至遲於晉時已經問世，則比同時代的醫家仍認心為思維器官，有了很大的不同。

　　唐代道經中有好幾本收有人體內臟示圖，裏面所列的人體臟腑位置、尺寸與《黃帝內經》等醫書不太相同，但相對比較正確，想必是當時教派中人又有了新的解剖成果所致。

以「道法自然」為宗旨，崇尚「靜心」進而達到獨立思考境界的道教中人，對人自身抱有了更為清明、理性的看法，從而在客觀上為科學地認識人自身創造條件，這是我們在追尋道教「靜心」養神觀時自然得出的結論。

另外還有一個值得注意的地方是，道教中人提出的關於養神的學說，還有許多獨到的見解，如上述中關於心性神之間的關係的思考，就很有啟示意義。有的思考能做到吸取佛、儒各教的理論，豐富自身的學說，所以在理論上也達到一定的深度。關於養神功法的修煉法度，道教中人也提出不少獨到之見。比如，他們曾講到：養神修煉要求一方面勿令太急而導致狂顛；而在心達寂定時，又須放任；只有做到寬急得所，方能漸入靜亦定、動亦定、「處喧無惡，涉事無惱」的「真定」境界。同時，對它的把握，又往往與智慧的發揮相輔相成。這些認識充滿了辯證法，具有在理念上的啟示意義。

道教中人於隋唐以後結合佛教形成的無住坐忘、明心見性諸說，不僅在養生觀上有意義，還對世人的人生觀、價值觀發生了影響。中經一些士人的體悟、藝術性地表現出來，對社會理念的潛移默化十分深遠。久而久之，中國人的詩、書、畫論和作品中都浸透著這種生活意趣，中國的山水畫充滿了靜謐恬淡之美，人的精神往往寄託於山川溪石、松風明月之間。唐詩宋詞元曲中最打動人的，往往是人與大自然心靈交流，如奔鹿野鶴一般輕盈閒適、無拘無束的場景。這種追求在煩擾喧囂和彷徨痛苦之時，往往顯得更為強烈和迫切。

這是一種對外在「無人」的生存環境、內心「無夢」世界的營造，莊子曾說「至人無夢」，指的或許就是如此的清淨心態。它猶如復歸本初，若初生之嬰孩般地晶瑩純真。至此境界，道教的「養生」之道便不只是具有生理和醫學層面上的意義，而是一種具有價值觀意義、並在一定程度上構成系統的生命哲學了。

第四章

精氣神結合的内丹術
——静心之教的核心

把人體的三大生命要素精、氣、神作為煉丹的原料（藥物），置入人體的丹田等部位作為生理反應器皿（鼎爐），然後調諧呼吸、控制意念，在鼎爐中逐漸聚集熱量，然後使熱能貫穿於全身的方法。

　　道教中人求長生，一般從練習靜功發端，被人們稱為「主靜功夫」。在道教修煉中靜功貫穿於修煉的全過程，從修煉的較高層面上要求的話，也只有靜功一法，只能解決「神全」這個問題。但因受人的體質條件限制，或加上其他外界因素的影響，有的疾病治療、有的煉養層階，是僅靠靜功所不能達到的。道門中於是在此基礎上進一步窮盡煉養方式，以求更大程度地開拓人體固有資源，達到煉養高層次的願望。他們把這樣的煉養方法，稱為內丹術。

　　內丹術理論以魏伯陽的《周易參同契》為根據，但在當時並不流行，其名稱真正確定是在隋代。它之所以命名為內丹，是相對於傳統以體外金石為原料之養生術而言的。內丹術的許多理論、術語都取自傳統的金丹術，但其中的立足點已經大不相同。它吸取民間的做法，講求通過調整呼吸來實現人與外界自然的溝通，使人體的各器官更為強健，更好地發揮作用，以達到養生保健的作用，有著比較獨特的對人的形體系統及修煉方式的理解。這種理念有其獨特的思考問題角度，對後世影響很大。

一、內丹術中「三寶」說

　　道教中人修煉內丹有不同的流派，功法也不盡相同，但是煉養的對象是相同的，那就是人身的精、氣、神，它們被稱為人體的「三寶」，是煉丹中的「上藥」。其說最早出現於

隋唐時期道教著作《玉皇心印妙經》之中。此書首句便謂:
「上藥三品,神與氣精。恍恍惚惚,窈窈冥冥。存無守有,
頃刻而成。」就是把「三品」之「上藥」與內丹修煉作了聯繫
的說明。

　　內丹術中的精氣神有先天和後天之分,是接受《玉皇心
印妙經》觀點的道人作出的進一步推測。他們覺得《妙經》
所及主要是人身內一面,而未考慮其與充斥宇宙間之真氣的
關係,故有區分兩者之必要。於是他們提出,後天的精指男
女交合之精,氣指通常的呼吸之氣,神指思慮之神。先天的
精氣神,又稱元精、元氣、元神。元就是指人處在嬰兒狀態
時未被環境和意識干擾時的狀態,它與自然界之混沌之氣密
切相關。道教中人認為,在人身上先後天的精氣神同時存在,
各派功法都通過調製後天恢復先天的本來面目,最後凝聚成
丹。其中的精是基礎,氣是動力,神則是主宰。

　　由於精所造就的主要是人的形體,所以據此產生的便是
對人體形、氣、神三個層次的修煉,而三者關係從某種意義
而言,又可分為形神兩個部分。修煉內丹者認為煉丹的功夫
就是針對於精(形)、氣、神三個層次而言的。在這方面以唐
杜光庭 (850–933)《道德真經廣聖義》、宋陳致虛 (1289–?)《金
丹大要》、明陸西星 (1520–1602) 所撰解釋《玉皇心印妙經》
的《無上玉皇心印妙經測疏》等道經中所說較為系統、全面。

　　關於煉精即修煉形體方面,杜光庭提出:「身之生也,因
道稟神而生其形。……人身既生,假道以運,因氣以屈伸。」

所以它是道教內丹修煉的基礎，是其中不能超越的一個組成部分。關於具體的練習方法，《玉皇心印妙經》內記為：「端直其體，空洞其心，真一其意」，比較能代表道經中的要求。這裏的「端直其體」是在形體方面提出的要求，「空洞其心」則是為達到靜心之目的，「真一其意」則為使「神」即意識得到凝煉。道教中人要求在煉形階段，可配合做一些站樁、「開合」等活動，兩者結合能夠使身體強健。站樁時要求兩腿平行開立，兩腳間距離一定寬度，取放鬆姿勢，保持一段時間不動。「開合」是指兩手掌向外由兩胯間朝腹部聚攏，手指似接非接時，又將兩手翻掌，使手背向外開寬至胯平行，反覆多次的練功方式。如果能做得好的話，就為以後的心意修煉建立了基礎。即使修煉不到家，也能收到袪病延年的效果。

　　精、氣、神三者大致都從功能定義，如果說精的作用主要為化育的話，那麼「氣」的作用則在於運力。陸西星《無上玉皇心印妙經測疏》曾解釋謂「充周運動之謂氣」，即是此意。具體的煉氣方法在內丹術中是「調息」，要求把呼吸降到肚臍（下丹田），要求用逆式方法進行，即以吸時收腹而吐氣鼓腹，並持「綿綿似有卻如無」之態。道教中人認為，此法啟動體位在人的肚臍，它在內丹術中被認為是下丹田的所在位置，與它相關的還有其他一些人體的窾竅。道經中對此均有所提示。

　　由於此時所發的氣屬先天元氣，故可用「炁」（讀如「氣」）來作出更好的點示，有時它被稱為真氣。《黃庭經》曰：「仙

人道士非有神，積精累氣以成真。」就是論及經過「凝神入氣穴」，又不斷「積精累氣」的修煉，後天的積累逐漸轉變為先天真氣，於是內丹修煉踏上正途。

　　道教中人認為，神的作用在於覺知、主宰。關於此「神」的理解，早期丹家杜光庭等理解為「心」。他在《道德真經廣聖義》第四十七卷中提出「惟滅動心，不滅照心」的方法，並為此舉出了「五時」、「七候」的修持途徑。明代陸西星則講「靈明知覺之謂神」，認為更多是指人一念未生、未被意識、情緒活動所擾亂的寂定心體。這似乎更接近於對人的意識層次的深入體察。當然從修煉方法而言，丹家對煉神的要求都為「止念」。在此階段也要求人能「端直其體」，在身體的姿勢上做到「脊梁自堅」、「五臟得位」。其主旨雖然與煉氣階段一致，但要求更為具體，道經中講到此時除身直體正、放鬆自然、心態平靜外，還特別要放鬆咽喉聲帶肌肉，以抑制語言信號的神經衝動。這是為防止人們出現通過語言來思維的現象。

　　經過比較各法，他們認為其中當以入定止念、以意守鼻孔外方寸之地的虛無竅方法為較優，這一口鼻之間的人中穴，外接天地之氣，神氣通過此間的相互作用，在適當火候下能產生「汞」，即先天元神。他們把現代人所說的常意識稱為「識神」，潛意識稱為元神，提出內丹修煉的較高境界是凝煉常意識，淨化潛意識，開發元意識。所以根據「心息相依」原則，摒除識神，顯露元神，是煉神要求達到的境地。

　　在進行了關於形神氣三者本身狀況的考察之後，煉丹家又提出了以氣為中介、連接形神的觀念。這種對「氣」的重視與運用，是前代「靜功」煉養方式所未及的。「氣」的觀念源出先秦的吐納食氣、行氣，以調養呼吸為主。我國古人就有對「氣」的認識，《莊子》、《管子》等書中，都有以氣為生命根本，人體內之氣與天地之氣相通的思想。特別是《莊子》，還提出如果能通過鍛煉，吐出體內故氣，吸納天地間的新氣，便可健康長壽的學說。道教的呼吸修煉，正是通過對自然之氣的呼吸吐納，達到調和周身之氣，並使之卻病延年的一種功法。這一功法以吸入外氣為主，故稱服氣、食氣，又因當氣吸入後，往往要閉息，並以意引導氣在體內運行，故又稱行氣。後來又發展出服內元氣之術，也統稱服氣、行氣。

　　所以近世以來，我們更習慣對此種修煉方法冠之以「氣功」之名，應當說此意確能更好提示出其中之主旨。1949 年以後，籌建唐山市氣功療養所的劉貴珍 (1920–1983)，於五十年代確立「氣功療法」為醫療通用名稱，1955 年他的唐山氣功療法小組受到大陸衛生部的嘉獎。以後隨著他的氣功療養院在北戴河創建，《氣功療法實踐》、《內養功療法》等著作的問世，「氣功」之名稱及其鍛煉方法迅速在社會上流傳，並得到較快的普及與推廣。

二、內丹術的修煉方法

內丹家往往把精、氣、神稱為三寶，另外又把修煉此三寶的條件準備稱為「三要」。此「三要」是指藥物、鼎爐和玄牝。這裡的「玄牝」是指玄關，即口鼻等呼吸出入的孔竅。他們要求把人體的三大生命要素精、氣、神作為煉丹的原料（藥物），置入人體的丹田等部位作為生理反應器皿（鼎爐），然後調諧呼吸、控制意念，在鼎爐中逐漸聚集熱量，然後使熱能貫穿於全身。這當然只是就總體輪廓而言，具體操作過程中，其實煉法還是各有講究的。僅現存道教文獻中，所載的煉丹（後被稱為氣功）方法，就多達百數十種。

目前在道教宮觀中流傳較廣的是《內經圖》、《修真圖》的內容。此二圖來自北京白雲觀，這是元代以後道教全真教派的中央機構，現在也是中國道教協會的所在地。在白雲觀存有此兩圖之碑刻原件，而拓本則公開地對外出售。故於海外也有一定範圍的流傳。在道教宗派內部，此二圖現成為指導道徒（特別是全真派中人）學習內丹知識的入門教材。

《內經圖》（參見附圖一）在白雲觀刻版的時間為光緒十二年 (1886) 陰曆六月上旬，原件為全真教龍門派中人所作。從標題來看，內經兩字自《黃帝內經》之意引出，大致是與上續《黃帝內經》的《黃庭內景經》有較大的關係，內容中則已加入宋陳致虛《金丹大要》、明代《性命圭旨》等道經中

的意旨。

《修真圖》(參見附圖二)刻印原本也來自白雲觀,不過現在大家更認同的是武當山道觀刻圖,另外廣州三元宮也存有清嘉靖年間所立之碑。此圖以易卦演繹修煉內丹要求,採取的是以易卦附加文字、圖像演示修煉內丹要領的方法。根據其又稱《全真練性修真圖》相推,當屬全真教派所傳之物。「修真」即修仙、修煉內丹之意。

兩幅圖各有自己的側重點:《內經圖》以介紹周天運氣中起作用的各人體功能為主,文中多用形象的比喻;《修真圖》則更多地介紹通過解剖得來的人體各部位實測資料,特別是對人體中的臟腑結構有較多的涉及,使人們通過讀圖瞭解人體的具體結構及相互關係。後圖中還出現了各式天文、節氣、朔望(一個月的月亮圓缺形狀)及卦象的介紹,較好地體現出傳統內丹術的風格特徵。

【附圖一】

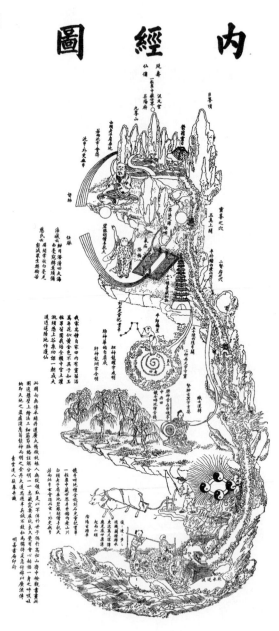

【附圖二】

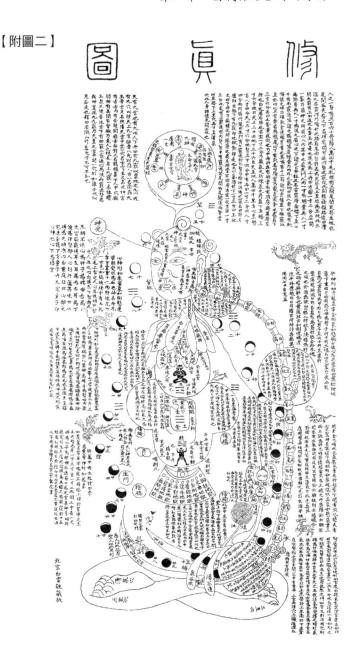

從上述兩圖及相關道經中我們可知，一般道教內丹術修煉，大致分成五階段進行：

㈠建立根基

如其他功法一樣，修煉丹法也有一個打基礎的階段，用道教的術語來講，叫「築基煉己」。要求修煉者做到寂滅情緣，掃除雜念，與上章中言及的養神靜功有相似之處。宋代張伯端(?–1082)《悟真篇》中云：「若要修成九轉，先須煉己持心。」書中認為修真之道，還丹最易，煉己至難，就像建築樓宇打好地基至關重要一樣，修煉內丹的第一步也是很難的，但它對於整個過程影響很大。

此法之入手功夫仍是打坐，即要求通過人對自身肌體的調整進入「靜心」狀態，不同於一般「靜心」修煉的是，在此時已有配合調整呼吸要求，另外還要以神凝照於中丹田(膻中穴內的區域)。除打坐之外，也可採取側臥、散步等形式鍛煉，一般要注意選擇人少安靜、沒有噪音的地方，便於放鬆心情。

處此階段之人，要做到全身放鬆，雙肩自然下沉，姿勢不能僵直呆板，發揮經脈與血液循環通暢的作用。

為防止練習者被所視景象分神，甚至滋生雜念，在煉此功時要求人微閉雙目。出於全閉雙眼容易使人昏沉入睡的考慮，故練功時採取的是眼簾自然下垂、保持一線之光的姿勢，

一般以能模糊見到眼前景物為準。若採取散步形式，則要求有所鬆動。

另外在形體方面，還要求舌頂上顎。其做法為把舌尖反捲過來，將舌尖底面頂到上顎部位。道教中人認為上顎有「天穴」，可以貫通頭頂的「百會穴」，練功時上顎容易漏氣，所以必須堵住，以防走氣漏神。

與所有練功要求一樣，修煉此法時也要求做到呼吸自然，特別避免憋氣、呼吸粗短或長歎息。隨著練習靜功程度的深入，呼吸可以逐漸做到深長、均勻、細緻。有時也有練功者嘗試閉息之法。此法在《抱朴子‧釋滯》中被稱為「行炁」，它的做法為從鼻中吸氣，然後閉而不呼。要求於閉息時默數數，從一數至一百二十，漸增至千，通過鍛煉逐漸延長閉息時間。當不可閉抑時，要從口中微微吐氣出。氣之出入，皆須深細綿密，不能讓自己聽到呼吸出入的聲音，並要求入氣多而出氣少。有的書中提到對此法是否達到要求的檢驗為：以鴻毛著口鼻之上，吐炁（氣）而鴻毛不動為標準。《養性延命錄》中記載有這一方法，說行氣須做到於夜半子時至午時天地之炁（氣）生時行之，強調「欲學行炁，皆當以漸」，不可勉強閉噎口鼻，急於求成，而致生出瘡癤等疾病。

手勢的要求為兩手抱訣。要求男子左手抱右手，女子右手抱左手。抱手時外面陽手的大拇指放在裏面陰手的虎口裏，這樣兩手拇指交叉，形成「太極圖」形狀。道教徒認為如此相抱，可使人身陰陽相通，自然調和。這種姿勢也為道教徒

行禮時所用。

　　初煉築基，關鍵在於注意力集中，由於人於此階段，雖然氣已運作但神尚未全，故一旦有雜念出現，當隨即去除。

㈡小周天運行

　　相傳為明代張三丰 (1314?–1417?) 所作的《玄機直講》中說到：「夫靜功在一刻之中，亦有煉精化氣、煉氣化神、煉神還虛之功夫在內。」這裏提示了在築基之後的煉精化氣、煉氣化神、煉神還虛環節。其中的煉精化氣又稱小周天運行，它還有「初關」、「百日關」、「小周天」等的稱呼。這是修煉體內元精以發生元氣（真氣）的階段。丹家認為，人到成年之後先天之精已有不足，所以要採用元氣來溫煦它，使精氣重新充盈。此時要求用意念將元氣調動起來，沿著人體的督脈、任脈做周流運行，俗稱「小周天運行法」。

　　這裏的周天，是指一種圓形（即周而復始、連綿不斷）的行氣途徑。小周天，常指任、督二脈之迴圈。廣義地說，是指以意念推動想像中自下丹田生發的氣，單獨地迴圈於左手、右手三陰、三陽，左足、右足三陰三陽十二經脈之中，另外還有在帶脈的單獨迴圈，五臟六腑的單獨迴圈以及百會與會陰和百會與湧泉諸穴的上下交接迴圈等等。

　　在此過程中力求體現進入人天（即人體與外界自然）往復交換的意境，貫氣時則要求呈現出上下接續的樣狀。

　　此法須經過百日方能完成，經書中對具體的做法，還有一些過細的原則規定。

　　中國醫書中提示人體中有十二經脈，貫通於人體的各個器官。所以治療人體內不可觸摸的臟腑疾病，可以通過作用於某一與之相關的經絡、或經絡中的某一窬穴來傳遞信息，調動其內在的潛力，以抗禦病害的侵蝕，恢復其良好的機能。小周天功法的原理即依持於此，當然它的出發點是防患於未然，是一種積極治療方式的體現。

㈢大周天功

　　又稱「中關」、「十月關」，是煉丹過程中的「煉氣化神」階段。這一階段修煉的目的是神、氣合煉，通過意念調動體內已儲存的充足內氣，打通人體中的奇經八脈，達到神氣結合、相抱不離的修持境界。大周天有體內體外之分，體內大周天是指全身經絡之大循環。體外大周天是指人體之氣與天地自然之氣相互交換。

　　古人認為雖然迴圈於周天之中的是氣，但它所推動的不僅僅局限於呼吸而來的氣息，還包括血管中流動的血液，以及遍布於體內的津液、消化系統中的各種成分。每個人無論練功與否，都有體內周天氣血之運行與體外人天之氣交換的先天功能，只是每個人交換運行的速度和品質不同罷了。道教中人提出除十二經脈，人體還有奇經八脈，平時不被我們

所關注。而大周天功更注意通過練功對此奇經八脈加以開發，以求更為全面地調動起人體機能的潛力。另外由於要求注意到人與外界自然的關係，那麼在練功時，還要求關心所處的自然環境、四時變化，甚至時辰節點等各個方面。

氣功周天的修煉方法有意導（用意念導引加強周天氣血循環）、形導（用形體動作導引疏通大小周天）、息導（用呼吸導引周天氣血之流通和交換）、音導（用功訣或咒語等特定語音激發、加強周天氣血運行）等多種，這些方法又是互相關聯、相輔相成的。煉丹家認為其中以意為主宰，而形、息、音等皆受意之支配。反之，形、息、音等又能增強意之力度。待到隨心所欲時，形、息、音等就都化為無形之意了。

氣功周天的基本要求被理解為開穴採氣、聚氣養氣。所謂開穴，即是要求達到寬鬆意境。當你意想百會穴，默念「寬鬆」時，處於頭頂處的天門穴會呈敞開之態；而當你意想湧泉穴，默念「緊縮」時，處於腳底的地門穴亦即關閉。吸納天地靈氣，是此種煉法的核心要領。

道教中人所講的轉周天，與佛家的轉法輪，醫家的子午流注，於義旨上有相通之處，無非是要求氣行周身。若分而言之，小大周天之作用，由於證驗的不同，還可分為多種，由此又化生出不同的練功方法。

(四)「還虛」、「胎息」狀態

經過一段時間的修習，人能達到不用意念，只要一坐下來就能使元息運行大小周天的狀態，於是就可進入第三階段的修習。此階段的要求為：還神（意念）於虛，屏除意念，身心做到真正的圓融虛空，乃至「虛丹」境界。還虛之後，修習者之呼吸往往由口鼻呼吸進入「胎息」狀態。

所謂「胎息」，被道教中人看作是呼吸修煉的最高境界。此說最初源自《老子》的「專氣致柔，能嬰兒乎」之說。《後漢書・王真傳》中記：「年且百歲，視之面有光澤，似未五十者。自云：周流登五嶽名山，悉能行胎食之方，嗽舌下泉咽之，不絕房室。」注解是：「《漢武帝內傳》曰：……習閉氣而吞之，名曰胎息；習嗽舌下泉而飲之，名曰胎食。」《抱朴子・釋滯》還解釋胎息的方法和名詞道：「得胎息者，能不以鼻口噓吸，如在胎胞之中，則道成矣。」說明它與服氣、行氣有所不同，非自外界中吸氣，而是服自身的內氣。後世明袁黃(1546-1618)《攝生三要》進一步解釋說：「須要其氣，如從臍出，入從臍滅，調得極細，然後不用口鼻，但以臍呼吸，如在胎胞中，故曰胎息。」這體現了人們在這方面更為細緻、深切的體悟。

為什麼要胎息呢？這是因為內丹修煉者認為用鼻呼吸，一竅即開，元氣外泄，泄而不止，勞及性命。從人體生理說，葛洪所說的「不以鼻口噓吸」，其實是做不到的，所以只能是領會其精神而已。

在實踐中，具體操作道家胎息法可自兩個方面切入：其

一是在修煉時把人體呼吸調整得細緩深勻，以至於把鴻毛放在鼻口之上也紋絲不動，同時在自己的意念裡也要做到忘記呼吸的存在。

其二是以意念想像其氣由臍出入，又周流全身，循環往復。好比嬰兒處在母親腹中，鼻無呼吸。又好比龜蛇入蟄，口鼻之氣幾乎處於停頓狀態，只體內之氣周流環注而已。

㈤粉碎虛空

又稱為「煉虛合道」，內丹家以此為內丹修煉的終極目標。道教中人認為此時修煉者已達到心神俱妙，與道合真，陽神由此出竅離塵，優遊於仙境的狀態。此階段一般需要面壁九年，且有繁複的修煉程式，每一程式中又有各式的原則規定。這一修煉功法主要著力於對腦功能的運用、開發，有些過程的要領只有通過悟性才能獲得。由於其中較少言及形體方面，又多有「虛」、「塵」之類的稱呼方式，故受到佛教性命學說影響特徵十分明顯。

自今天的眼光來看，關於「煉虛合道」階段中的意境描述，帶有較多的臆想成分。其中有的說法要靠長期實踐方得有所體悟，有的則可能只是出於主觀想像，不一定符合實際情況，故尚有太多的內容等待甄別。

當然，上述幾個階段的區分，只是為把握煉丹要領方便而設，其實在具體練習過程中是一氣呵成，相互貫通的。故

《玄機直講》提出「不獨十月然也，即一時一日、一月一年亦然」，就是從這個意義上來說的。

　　與一般「靜功」修煉不同的是，氣功的煉養對意念推動與呼吸之氣的相互結合有了更多的考慮，這樣無疑增加了鍛煉的難度，對修習者在相關理論的把握上也提出更高要求。所以若心思粗糙，沒有一定理解基礎者，容易落入邪途。特別是有些功法的鍛煉要求，有太多宗教神秘的成分，是否完全合理，尚有待於進一步的科學實踐驗證，故應當謹慎對待。

三、內丹術的三丹田關係

　　以氣之貫通為主旨的內丹術，在具體修煉時還有一個與人體結合的問題。一般在這方面根據煉丹中的不同作用，分為上、中、下三丹田，以頭部、胸部、腹部為區分。自丹家「順生人」、「逆成丹」的原則而言，則煉丹過程一般自下而上，通過人體相關部位、穴位加以傳遞。前述《內經圖》裏有些內容可以幫助我們在這方面的理解。

　　此圖畫的是側面盤腿拱坐的人體，頭部脊椎部畫著山峰樹木，表示此間孕育的旺盛生命力。胸、腹、頭面等部，有紡織機、水車及各式人物，以輔助人們對其中意義的理解。在下丹田即腹部，標有「織女運轉」、「鐵牛畊地種金錢」、「陰陽女踏車」、「坎水逆流」、「復復連連步步周，機間撥轉水交流。萬丈深潭應見底，甘泉湧起南山頭」等句。並以坎水逆

流，提示煉丹當以下丹田中處於陰的地位的腎水為發動，沿著脊髓、通過尾閭、夾脊、玉枕三關向上部升展的程式。

其中的「織女運轉」，是指要像女子紡紗似地運氣。織女紡紗提示了運氣應輕盈而又保持圓周形均勻方式的要求。此處把中宮土的作用比喻為女性，以提示「坤德厚載」的柔順培育作用。與心上之牛郎橋星形成對應。此舉將上谷泉（位於尾閭之下處）之精氣泉流收儲，變成可儲藏的形態。「陰陽女踏車」應當是指一種相對陰柔的運氣方式。圖中有一對少年男女，扶著橫桿，一起腳踏水車車水。這種由腳力作為來源的動力，實指來自丹田的熱力。整個踏水車的過程應當是持久而有韌勁的。「鐵牛畔地種金錢」，所要求運氣的力度則大大加強。此處指示築基的落實部位；鐵牛指比一般之牛更難驅動。此圖中農夫腳跟下有一鐵爐，爐中火勢熾熱，以提示下丹田的作用為使精氣神三合，生丹田之火。這是要下數年苦功才能得到的效果。「復復連連步步周，機間撥轉水交流。萬丈深潭應見底，甘泉湧起南山頭」，形容陰陽女踏水車後所獲得的效果。在他們的不斷努力之下，腎中之水終於獲得逆轉而向上流轉，一直可以到達頭部即靈山之峰處。但不管是哪種用力方式，都有著周而復始，均衡用力，以柔克剛的要求。這裏體現出與傳統道教煉養術基本原則的結合。

此圖在中丹田即胸部部位，除提示心肺胃膽肝等五臟作用之外，還標示出督脈與任脈的位置。醫書上說，督脈乃陽脈之海，有總督諸陽經的作用。主要循行路線為起於尾骨端

長強穴下的會陰部，沿脊柱直上到頸項風府穴，脈氣入於腦部，上巔，下行到鼻部（見張仲景 (150–219)《難經·二十八難》）。任脈為陰脈之海，有總督陰經的作用。其循行路線為起於胞中，出於會陰，沿腹正中上行，過胸腹至咽喉，再上頤、面到兩目下（見《素問·骨空論》）。此圖基本上採用中醫學知識，對大小周天的迴圈路線做出明確規定。出於對中丹田部位承上啟下作用的考慮，圖中特意對其中頸椎、喉管（被稱為「十二重樓」）的作用，做了重點的介紹。

於上丹田即頭部，圖中大致出現了十六條文字，其中除對腦部穴位加以介紹之外，還有「一粒粟中藏世界」、「白頭老子眉垂地」、「碧眼胡僧手托天」等句，這是對修煉者在推動意念進行玄想時，可以出現的形象化畫面作出的提示。

圖卷左邊另有一首詩,其中有一段為:「鐵牛畊地種金錢,刻石兒童把貫串。一粒粟中藏世界，半升鐺內煮江山。白頭老子眉垂地，碧眼胡僧手托天。若向此系玄會得，此系之外更無系。」這是指整個運行周天的經過。首先通過腹部下丹田的運氣，使人得到原動力，然後向上運轉達到頭頂之天門穴（即一粒粟中），然後通過各式玄想的過程，使意念發生作用，由此得到對人體潛能的發掘。至於修煉的效果，作者通過詩句提示，在得氣時人會感到心胸開闊，眼前宛如有白色之毫光顯現，這就像佛教中人獲得了解脫一樣，達到了一種超越現世、成仙得道的境界。這是一個形神結合的結果。

這些認識與前代內丹經籍中的說法比較接近，由於以圖

的方式表現，更通俗易懂。如果我們能在閱讀有關內丹的道經時，對照其圖，那麼什麼是內丹修煉及其修煉方法，就不再是神秘而不可解的東西了。

印度佛教中的瑜珈術，也有關於人身氣、脈、明點等方面的涉及。他們提出「身心不二」，把人的身心看作是相互聯繫、不可分割的統一體，這是其與道教內丹術具有共識的方面。但是在具體言及人體的構造時，他們認為人身的中心能量場（亦稱光明體），包括於人自頂、喉、心直至臍、密處的整個空腔之內，由左、中、右三條氣脈貫穿，這樣就較少形成對人體內臟整體聯繫的認識。他們想像此三脈直上直下，猶如空室中的三根柱子。運氣的過程就是觀想左右兩脈旋轉糾纏五輪，慢慢通過氣的作用使二脈入住中脈，而形成一體。中脈雖居人體之中，卻並不在脊柱之中，而是從七輪（即肉髻輪、頂、喉、心、臍、密、杵輪）中心穿過。而人體的功能變化則是通過中脈影響於左右二脈，再通過所展開之橫脈，連接遍布全身的七萬二千小脈得以實現的。所以他們也要求通過「明心見性」的方法解決身心的相互作用關係。

從對比中我們可以看到，對人的形體的整體相關認識，是兩者間的共同之處。對人體器官及氣脈間的平行認識，使佛教在有關人體關聯解釋上，有更多的主觀想像成分。而道教內丹術則用了類似系統的子母層級設想，解決了上述問題。相對而言，後者之觀念更具有科學理論上的合理性。

四、內丹功法的開發潛能作用

　　道教煉丹術的最主要作用表現在對潛意識開發上。我們知道，人腦接受資訊的方式分為有意識和無意識接收兩種，我們每天都會受到不同程度有形或無形的刺激，引起我們的注意而產生不同程度的反應，有意識接收是人腦對於周邊事物刺激的有知覺接收資訊，無意識接收是人腦對於周邊事物刺激的不知不覺接收，這就是所謂潛意識。現代醫學心理學說認為，人腦的活動有清醒、睡眠、入靜等不同之狀態可分。它們在人的思維功能發揮、整體生理狀態的協調方面扮演著重要的角色。一般人都比較注意其中表現於顯處的意識清醒階段，而對發生於潛在階段的人腦功能及其活動缺乏關注與研究。道教中人當然不能從理論上認識這一問題，也未能對此情況作出系統的考察，但他們通過實踐的方式，認識到若能對入靜狀態的潛意識思維加以開發，調動其中的積極因素，則能使人體的功能發生調整與變化，達到令人恢復健康、強健體魄的作用。

　　仔細分析的話，可以說上一章中我們涉及的道教「靜修」、「養神」方法，主要是以調整人的精神狀態、使之獲得平靜為目標。那麼此章中由「煉氣」方法發展而來的擁有大、小周天功法的「內丹」（氣功）術，則更多地體現以意推動氣息，使潛意識中保存的複雜多樣東西，得到重新排列組合、分類

的功效，它所能適應的情況，無疑會更多一些。

　　大腦乃至人體各個器官，是通過活動來實現其功能的，然道教煉丹術卻要求通過入靜的方式來開發潛能，此種方法是否可行呢？這正是現代醫學界研究此術時所要解決的首要疑問。目前經初步探討已經證實，人腦的活動在緊張狀態下與鬆弛狀態下效率不同。腦電波測試表明，人處於緊張狀態為 14–28Hz，處於鬆弛狀態為 8–13Hz。在鬆弛的狀態下，腦電波穩定而有節律，學習效率高。所以在腦力活動前、活動中，應通過一定的方式來誘發這樣的腦電波，才能使用腦效率得到提高。所以「一張一弛」的用腦方式，是使人具備充沛的精力、清醒的頭腦、敏捷的思維的前提條件。而道教的實踐活動，正是在這一方面為人們提供了可能。

　　奧地利心理學家弗洛伊德 (Sigmund Freud, 1856–1939) 對人類意識作出多方位的考察，提出它至少由潛意識、前意識、意識幾部分組成。表現於外的意識只占整個活動的冰山一角，更多的部分尚待於開發。以後更有醫學家指出：人腦中很多部分還處於沉睡狀態。人類只要能發揮出其一小半潛能，就能學會四十種語言、記憶整套百科全書、獲十二個博士學位等等。所以人類的智慧和知識至今仍是「低度開發」。因此，瞭解我們人自身，包括人腦的機理及其運行規律，仍是當前自然科學界的一項需要花費巨大精力去做的一件事情。從這一角度而言，道經中對內丹問題的探索，值得我們去深入研究，其中一些經驗性的提示，也值得我們去進一步

地思考。

　　另外，人是一個有機系統，這個系統通過大腦來指揮運行。若大腦指揮得當，則能使體內各器官及運轉結構得到合適的調整與恢復功能，使人的自然衰退過程減緩、保持旺盛的精力。有些人體疾病的發生，與其本身免疫能力的減退、肌體器官的陰陽平衡缺乏、身體的衰弱等直接有關。通過靜功修煉或氣功的調攝，則能促進身體健康。特別是對於諸如頭昏眼花、失眠煩躁、情緒紛亂、肝氣虛弱等由於新陳代謝功能發生障礙者，療效往往十分明顯。這也是內丹修煉的效用之一。

　　當然，如何掌握正確的方法，及如何循序漸進地進入狀況，也是一門很深的學問。道經中對此有諸如「百日築基」、「十月胎養」、「三年乳哺」、「九年面壁」等的說法，都值得我們去認真的體會。

五、內丹修煉的時空結合要領

　　道教煉丹術中另一個值得我們關注的方面，是它所具有的煉養思路方面的特點。那就是它有一個時空結合的特色，這是我們在把握其方法時應當關注的要領。日本學者湯淺泰雄曾指出，習慣於認為在空間境界中存在的肉身，才是人存在的最基本方式的西方人，應當注意到東方人不截然區分主觀性和客觀性，注意生存物在不同時段的不同表現的特點。

（參考《靈肉探微——神秘的東方身心觀》，第 38–42 頁）。他指出了東方和西方人在養生觀上的一個不同點。確實，以「天人合一」為出發點的中國道教中人，在思考養生問題中體現了以陰陽五行為框架，配以四時、四方及物候等時空結合的特點。

　　魏伯陽在《周易參同契》中提出人體本身不僅包含陰陽，而且還會隨著外部氣候、四季或一天中時辰的變化而出現陰陽消長的不同。要使人的形體包括意識都達到充滿純陽之氣的飽滿狀態，就應當遵循按時定位、循卦（易卦）練功的原則。具體地說，就是以卦象配合天干地支制定練功時間、方位乃至調息的方法，以便更好地吸納乾坤之精華，濡養身心，頤養天年。為此，他把一個月的三十天作為一周，每周分六節，各節的時位又以當中之日為標準。如第一節（初一至初五）的當中一天是初三，這天月亮於晦時（黃昏）出現於西方，此時因月當上弦，月面所受日光較多，所以練功時宜面向西方，納氣稍許放長，引陽以滋陰。而在第二節（初六至初十）時，練功者宜面南而行均勻之吐納。第三節（十一至十五）則又因月圓於上，陰中出現全陽，陰陽兩氣充盈，所以宜面東調息。第四節（十六至二十）以後，月亮轉為下弦，月面的日光由盛而衰，陽消陰長。第五節（二十一至二十五），月亮自東方升起越來越遲。第六節（二十六至三十）月面全黑。此時練功面向北方，調息要呼短吸長，以滋養陰精。這是以月亮為中心循卦練功的程式。具體時間是晚上七至九時，

以養陰為主，但要注意陰陽的平衡。

　　另外，在一天的早上，也應按此調節陰陽，但以養陽為主，以日為中心，練功的具體時間是早上五至七時。這樣早晚各一卦，一月為六十卦次，一月後周而復始。為什麼要早晚各一卦呢？主要是體現晝為陽，夜為陰；陽為剛，陰為柔。剛柔相濟，晝夜練功，方能陰陽協調。這種思想在以後的道教學者那裏得到繼承與發展，他們有的把陰陽時辰的盈虛落實到每一天，並與四季變化相結合；也有的又將對人體的聯繫深入到具體的五臟六腑等組成部分，使人體與外部自然界在空間上的連接來得更為細緻與全面。

　　道教內丹術中對時間觀念的應用，很多來自中醫在選擇時間標準時，運用了年、月、日三種節律層次。這裏所謂的年節律，是指四時（或化而為五時）節律，它結合氣作用，表現為春生、夏長、秋收、冬藏。年節律在人體上主要表現為五臟分屬五時的時間屬性，即「肝主春、心主夏、脾主長夏、肺主秋、腎主冬。」而五臟又是主司人體生理活動的主要臟器和功能系統，五臟更相主治的運動節律就構成了人體的五時。所以《內經》中有「人形以治四時五行」之說。所謂五臟更相主治，是指各臟在其主治季節，顯示出比其餘四臟更旺盛的功能作用，承受著更重的內外壓力。這種與四時相應的更替相應，表現為周而復始的迴圈。

　　所謂月節律，是指出人體的氣血盈虧、肌膚等體表抵禦外邪的能力，與月亮的運動、升降有密切聯繫。表現其節律

最明顯的例子是婦女的月經週期。現代醫學已證實，婦女月經的 28 天週期，恰好處於「恆星月」週期 27 天 7 時和月相變化的週期——「朔望月」所需時間 29 日 12 時之間，而成熟卵的形成也呈 14±2 天的週期。《素問‧診要經終論》中還指出隨月份不同，人體內正氣與臟腑的關係也有週期性變化，如「正月二月天氣始方，地氣始發，人氣在肝；三月四月，天氣正方，地氣定發，人氣在脾；五月六月，天氣盛，地氣高，人氣在頭；七月八月，陰氣始殺，人氣在肺；九月十月，陰氣始冰，地氣始閉，人氣在心；十一月十二月，冰復，地氣合，人氣在腎」。另外，人體中的經脈共有十二條，它們也依照一年中陰陽消長的規律，分別與十二月相應。前半年屬陽，故前六個月與陽經相合；後半年屬陰，故與陰經相合。每個月中，與該月相合的經脈所轄的組織系統的功能，較其他月份旺盛；而與其正好相對的月份內，該經的功能處於一年中的最低點。

　　所謂日節律，是提示自然界的晝夜變化也會對人體產生影響。漢代時中國人根據太陽一天中的位置變動及人、動物活動情況，劃分出夜半、雞鳴、平旦、日出、食時、隅中、日中、日映、哺時、日入、黃昏、人定十二時。它與固定以二時為一單位劃分一天的十二辰有所不同，即可根據一年四季不同的太陽活動位置和晝夜時間的長短而規律地變動。中醫在考察人體隨一日時間發生變動中，選擇十二時為單位時間標準。提出與人體自有四時一樣，它也有晝夜的消長變化。

一般情況下，人體在日中時陽氣盛極，故可稱為「陽隴」、「重陽」；相反，夜半時人體則陰氣最盛，故可稱「陰隴」、「重陰」。在此兩極之間，人體之陰陽此消彼長，如黎明之時陰已衰盡，陽氣漸盛，夕陽西下時陽逐漸衰退，至黃昏時陽已趨衰盡，如此等等。另外，中國醫家還在此基礎上，總結出一天之中子時一刻乃一陽之生，至午時一刻乃一陰之生的規律。它們是人體活動處於相互轉換最為劇烈的狀態，所以也是掌握十二時影響中的關鍵。醫家據此畫出「子午流注」的圖式，以指導相關的醫療實踐。

由於中國傳統文化總結的陰陽變化規律，不僅貫穿於多樣性的萬物之中，還體現於事物內在的變化過程之中，所以它們很自然地將時空兩者加以有機的結合，這就使道教內丹實踐獲得較為合理的理論基礎。

中外現代醫學界人士，都曾以實驗的方式去探討這種說法的事實依據。有的學者指出，人的細胞核苷酸是能發揮第二信使作用的細胞組織，其中 CAMP（環腺苷酸）和 CGMP（環鳥苷酸）是一對能對細胞產生相反調節作用的物質，據臨床觀察症候反應發現，CAMP 水準升高時，能加強或促進細胞的某些功能，CGMP 水準升高時，則減弱或抑制細胞的某些功能，它們與中醫中陽、陰的功能表現相似。據觀察資料顯示，CAMP 與 CGMP 兩種物質的消長變化，也隨晝夜時間推移而升降，並處於此消彼長的狀態，一般 CAMP 白天升高、夜晚降低，CGMP 夜晚升高、白天降低，兩者升高降低

逐漸進行。1973 年美國生物學家戈培 (Elkhonon Goldberg) 提出將 CAMP 作為中醫「陽」的物質代表，CGMP 看作中醫「陰」的物質代表，並認為它與時間的推移有密切關係。此說逐漸被國內外專家學者所接受。另外，有的學者亦通過實驗與觀察，證實諸如腎上腺皮質之類的人體激素、內分泌以及神經系統、機體組織，也確實具有各種時間節律而發生變異的現象。這些事實都證明我國古人在時間觀念應用上的可信性。

當然由於我國古人在上述方面的認識有的還只是一種天才的猜測，沒有通過科學的實驗加以精確的驗證，所以不免仍有含糊、籠統、不精確等不足，有待於我們的進一步總結。

第五章

靜心之教的動功輔佐（上）
——導引術的引入與改造

　　導引術是中國最古老的健身功法之一，道教的動功即是由導引術發展而來的。導者，宣導氣血也；引者，伸展肢體也。據傳在遠古的帝堯時代，天下洪水泛濫，人們居住的地方低矮潮濕，妨害健康，使得「民氣鬱閼而滯著，筋骨瑟縮不達」，所以就「作舞以宣導之」。古人通過引體和導氣，令身體柔且和，來對抗洪水帶來的各種疾病。這就是古代導引術的起源。

　　道教內丹養生術的成形，以《周易參同契》為其標誌，大致是在晉代以後的事情。在此之前，道教中人的養生煉形，多將源自民間的導引等功法加以變化，所以已經有動功一派的存在。晉唐以後，雖然內丹術在教派中流行，且理論基礎雄厚，內容也十分豐富，但實際操練起來，還是有涉理過玄、不易把握的缺陷。有時掌握不好的話，也有可能岔氣入邪，發生一些負面狀況。所以與此同時，有些人還是以鍛煉形體為主，只是吸取了靜功、內丹術中的一些理念，使道教中別具特色的動功修煉逐漸成熟。宋元之後，因內丹術在民間的日漸退熱，道教動功功法便日益盛行。

　　這裏所說的「動功」，是與「靜功」、「氣功」相比較而言的，它要求在養生煉養中有動作的配合，即見得到形體的招式，其內容實際包括站、睡、行、舞各種，並不以形體的動靜相區分。到了近世，「靜功」被認為是指對性情、心神、理性的調攝的功法，與傳統內丹相呼應；而動功則是指將行氣、漱咽、按摩、肢體運動相結合，形成以動物象形、各式體操組成的術勢等的功法。兩者都被認為具有健身的效果。

　　與其他門派武術、拳法等鍛煉方式不同的是，道教中人所練的動功，於原理上與靜功相通，亦以養無形無相之氣為前提，對動靜的辯證關係非常重視，並根據道教「天人合一」、「陰陽平衡」等道理提示要領。所以在套路的編排、要領的提示等方面都別具一功，理論性也更強一些。

　　由於道教動功門派有較長的發展過程，所以其內容十分

豐富。在其早期也有用於格鬥的拳、劍、棍、鏟等套路練習，這與其教派早年處於戰亂環境，需要尋求自保有關。但是對後世影響最大，流行最廣的還是一些導引類的功法。此法主要是受古代導引術影響，在煉養過程中加入引體或導氣動作而成。早期的這類功法還為內丹修煉提供了一些啟示。元末明初時流傳的導引功法已形成自身的體系，根據其中所包含的理念來看，與內丹修煉形成了新舊相續的關係。

　　由於道教動功形成的拳法有不同的套路，有不同的流傳途徑，所以以下的介紹主要涉及它們的歷史沿革和相應的內涵意義。

一、先秦導引術概述

　　導引術是中國最古老的健身功法之一，道教的動功即是由導引術發展而來的。導者，宣導氣血也；引者，伸展肢體也。據傳在遠古的帝堯時代，天下洪水泛濫，人們居住的地方低矮潮濕，妨害健康，使得「民氣鬱閼而滯著，筋骨瑟縮不達」，所以就「作舞以宣導之」。古人通過引體和導氣，令身體柔且和，來對抗洪水等自然災害帶來的各種疾病。這就是古代導引術的起源。

　　及至先秦時期，導引術開始向「養生」和「醫療」兩個方向發展。《莊子》中提到「吹噓呼吸，吐故納新，熊經鳥伸」的「導引之士」，是當時的「五士」（即五類人物典範）之一，

彭祖更是其中的代表人物。據晉唐時期《古仙導引按摩法》中說，他經歷了夏商兩個朝代，共活了七百多歲（「歷夏至商，比年七百」），可以說是將導引術的養生為壽之功效發揮到極致了。另一方面，我國最古老的中醫學經典《黃帝內經・素問》已經將導引列為五種最基本的醫療手段之一，這對後世道教養生學重視導引術有著重要的作用。

秦漢時期，導引術廣泛流傳，早在漢初，張良（?—西元前186）就曾經從赤松子遊，「乃學辟穀導引輕身」（《史記・留侯世家》）。東漢時更是出現了不少擅長導引之術的方士。我們通過馬王堆出土的漢墓帛書中的《導引圖》，便可以推知當時人們用導引術治病強身的情形。產生於東漢的道教自然而然地繼承和發展了古代的導引術，使之成為道教養生術中的重要組成部分。

二、道教導引術的理論基礎

㈠「道法自然」、類比推導的思想出發點

道教導引術在發展過程中依據了它的宗教理論，其中最有影響的是「氣本體論」的思想。這一理念認為天人之間一氣貫之，包括人在內的天地萬物之生滅，都是氣化流行的結果。氣聚則成，氣散則毀，無有例外。

這種氣化生成論，體現了天人同原同構的思想，蘊含了宇宙論和養生論的表裏關係。既然人與萬物的本原都是一團混元之氣，那麼人要得道就必須抱一守氣。從此觀念出發的養生論，將老子的「道生一」宇宙生成過程繁衍為「抱一守氣」的氣功煉養過程。這個帶有樸素科學萌芽的觀點，是道教導引術強調「導氣」的理論基礎。

與中國古代正統思想中強調的「天人合一」，「天人相通」不同的是，道教中人更注重的是老子提出的「道法自然」思想。後者提出人要放下自我意識，即盡可能地擯棄人為，從自然中汲取原動力。這體現了一種類比推導的思維方式。

所謂類比，就是根據兩個或兩類事物之間的某些方面的相似或相同，推導出它們在其他方面的相似或相同。類比推導的聯想思維在一定條件下可以按類別組織事物，使其由無序走向有序，也可以由此及彼、由微知著地揭示事物的類型及其關係。導引術的構想中也運用了這種類比推導的聯想思維方式，宋元間道士洞陽子所撰《太上洞玄靈寶天尊說救苦妙經》，就有「魚能吐納而化水則不死，人能吐納而化氣則長生」等的說法。從這一觀念出發，道教中人對三國時醫家華佗 (104-208) 編成的「五禽戲」十分欣賞。於是他們引入這一功法，並在此基礎上加以提煉，形成了自身的導引術。

□「流水不腐、戶樞不蠹」的運動觀念

　　導引術講求運動養生，它結合了呼吸運動和肢體運動，這種做法的認識源頭可追溯到我國古人宇宙恆動的觀點。呂不韋（西元前 289－西元前 235）召集門客編撰而成的《呂氏春秋》有云：「流水不腐，戶樞不蠹，動也。」就是說，流水之所以不會腐臭，經常轉動的門軸之所以不會腐爛，是因為它們是運動的而非靜止的。日常事物如此，人的形氣亦是如此，「形不動則精不流，精不流則氣鬱」。

　　據學術界考證，《呂氏春秋》是本雜家之書，它的「流水不腐，戶樞不蠹」思想帶有黃老之學的痕跡，所以可以體現道教中人對「動」的作用的認識。進入道教養生術視野的導引術，已經從過分強調「虛靜」第一的觀念中轉變過來，開始考慮「動」與「靜」相互結合，共同發揮作用的問題。

　　在運動原則的指導下，結合長期的養生實踐，道教徒和方士們逐步認識到，導引外能活絡關節、疏通筋骨，內可幫助理血氣、察陰陽而使心調和，是一種不可多得的養生良方。

　　《古仙導引按摩法・元鑒導引法》上說：「道以為流水不腐，戶樞不蠹，以其勞動故也。若夫絕坑儲水，則穢臭滋積；委木在野，則蟲蠍滋生。真人遠取之於物，近取之於身，故上天行健而無窮，七曜運動而能久。……導引之道，務於祥和。俯仰安徐，屈伸有節。導引秘經，千有餘條，或以逆卻未生之眾病，或一攻治已結之篤疾。行之有效，非空言也。」

　　其中透露出道教中人收集到的導引秘經，已有千餘條，可見是作為一項教派重要工作來做的。在理論上他們也已得

知：人的肢體關節，本來就是用來運動的；人的經脈榮衛，必須讓它通暢和順。而這些要求可望通過導引術的鍛煉得到實現。

結合於中國傳統醫學理論的道教學者認為，人體的疾病起因主要有兩個：一為內因，即經絡外邪入臟腑；二為外因，即四肢九竅血脈流轉壅塞不通。而最為常見的是風、寒、暑、濕、燥、火等「六淫」外邪對人體內外的侵犯。從外來說，表現為肢體血脈關竅鬱關壅塞，以致生病；從內來講，則是外邪由經絡入臟腑，發生病變。而無論內外，都主要表現為外邪侵入致使人體經絡氣血鬱關不通。因此，採用各種辦法有效疏導經絡，通暢氣血就成為治病、健身、養生的第一要義。而導引的作用就是「理血氣而調逆順，察陰陽而兼諸方，緩節柔筋而心和調者」（《中藏經》）。即能夠調和體內之陰陽，促進新陳代謝，抵抗外病的侵入。這種認識結合了醫學理論、道教教義和實踐經驗各個方面的知識。

關於這方面的見解，還可以參見陶弘景的《養性延命錄》、司馬承禎的《服氣精義論》、宋代道經《雲笈七籤》中的《甯先生導引養生法》、《玄鑒導引法》等。

三、道教導引術舉要

道教引進了前人創造的導引功法，並在此基礎上加以發展，形成自成一家的功法。在長期的實踐過程中，這些功法

又形成不同的流派。這些功法中有些已經不傳，現今還傳世的導引術約有一二十種，其中較著名的有《甯先生導引養生法》、《王子喬導引法》、《二十四氣導引法》（又稱《陳希夷導引法》）、《華佗五禽戲》、《八段錦導引法》、《太清導引養生經》（唐代道書，作者不詳）《導引按摩法》、《精景按摩導引法》、《内解》導引法、《彭祖導引法》、《赤松子導引法》、《逍遙子導引法》等等。以下將對在社會上流傳最為廣泛的「五禽戲」和「八段錦」分別作扼要的介紹。

㈠五禽戲

在古人看來，某些長壽的動物之所以能活得久，與牠們的動作大有關係，所以人要想延年長壽，也可以模仿這些動物的動作。唐歐陽詢所編《藝文類聚》第七十五卷記載，魏晉時城陽有個叫郤儉的人，小時候隨人去打獵，不小心墜入一個空墓穴中。他在裏面飢餓難耐，不久看見墓穴中有一隻大烏龜，「數數回轉，所向無常，張口吞氣，或俯或仰」，他平時聽說過烏龜能導引，於是就模仿烏龜的動作，很快就不再感到餓了。郤儉被人救出墓穴後，繼續練習導引行氣，傳說竟能咽氣斷穀。魏王令人將他置一土室之中試之，據說雖有一年不能進食，卻仍能保持紅潤的臉色，氣力也如平常不減。後來道經中常引用這個例子作為導引行氣、辟穀長壽之術的依據。

　　此外，《淮南鴻烈》中有「熊經鳥伸」、「鴟視虎顧」的導引方法記載，名醫華佗所創立的「五禽戲」根據也在於此。據史載華佗也是位道教方士，他醫術高超，精通養生之道，據說百歲之齡猶有壯年容貌，以致旁人認他為仙。華佗在中國醫學史上的重要貢獻，除發明作用相當於麻醉劑的「麻沸散」外，便是創編了導引術「五禽戲」。根據《養性延命錄》記載，華佗模仿虎、鹿、熊、猿、鳥五種動物的活動姿態，創編了一套健身體操──五禽戲。他告訴弟子吳普（生卒年不詳）說：「人體欲得勞動，但不當使極耳。人生常動搖，則氣消，血脈流通，病不生。譬猶戶樞不朽，是也。古之仙者及漢時有道士君倩，為導引之術，作熊頸鴟顧，引挽腰體，動諸關節，以求難老也。」而他自己也有一種養生術，名曰五禽戲，它也具有除疾病、兼利手足的作用。如果身體有所不適的話，打一套禽戲之拳，就能夠遭微汗出。打完後擦去汗水，以粉塗身，就能使身體輕便，腹中思食。吳普遵照老師的話實行，果然年至九十餘歲仍耳目聰明、齒牙堅完。可見，五禽戲在養生健體方面確實有它的功效。

　　五禽戲在中國古代社會上流傳很廣，影響很大，但傳本不一。現存最早對該功法的記載，見於陶弘景的《養性延命錄》，另外還有明代周履靖（1549-1640，一作 1542-1632）《赤鳳髓》中所載的《五禽書》中。雖然兩者在功法上都將五禽戲分為虎戲、鹿戲、熊戲、猿戲、鳥戲，但其中內容的差異度仍然相當大。首先，在運動的量上後者要小於前者。

以虎戲為例，陶弘景《養性延命錄》中說要：「四肢距地，前三躑，卻二躑，長引腰側腳，仰天即返。距行前卻，各七過也。」也就是要四肢都按在地上，模仿虎的姿勢，向前跳躍三次，後退跳二次，伸長腰，腳向側面提起直至腳心朝天才復原。手腳並用前行後退各七個來回，至此方能結束，運動量很大。而在《赤鳳髓》中則簡化為只需「低頭，拈拳，戰如虎發威勢。兩手如提千斛鐵，輕起來」，顯然後者更適應社會上不同體質人群修習的需要。

其次，對呼吸要求的不同。《赤鳳髓》中記載的「五禽戲」，更加強調呼吸的輔助配合。五種功法中都以「閉氣」開首，這與《養性延命錄》中只對形體動作做出規定的做法完全不一樣。另外，《赤鳳髓》中還有對人體俞穴的定位要求，如「鹿形」中有「天柱」、鳥形中有「吸尾閭氣朝頂」，即是此例。關於形體動作與運氣的配合，書中也多有提及，如虎戲中即有「閉氣」、「莫放氣」、「吞氣入腹」等要求。這些都說明，道教中人運用導引術，並不是簡單的搬用，而是加入了內丹術中的精華的。

進入現代，五禽戲的修習仍然在我國各地活躍，隨著人們對道教動功原理的把握，在學習過程中人們對其中的原理有了更好的體悟，他們一般從形與意的關係入手，獲得較好的效果。在這個階段，指導人員一般在輔導過程中，於使學員瞭解了自起勢至收勢的大體運作路線、方向及步型、手型之後，便把重點轉向講解意念、呼吸、練功意境等方面。在

動作進入比較自由的境界以後，更注意輕形而重點練意，使
習練者明白練形是鍛煉身體、練意是練心。進入這種意境後
可以使習練者心情輕鬆愉悅，解除在生活中產生的各種壓力
和焦慮情緒，達到心態平和的狀態。最後藉著得意忘形階段，
把練功融入生活。上述認識符合於道教動功理論與實踐結合
的主旨。

㈡八段錦

八段錦初始是由八節動作組成的一種導引功法，後世轉
化為有多種功法要素參與，迴圈運轉、相互連接之意。錦既
可以表示華美，也可理解為單個導引術式的彙集。其名記載
最早見於宋代洪邁 (1123–1202)《夷堅志》中，內記當時的起
居郎李似矩「嘗以夜半起坐，噓吸按摩，行所謂八段錦者」。
不過在《養性延命錄》中，已經見到有類似的動作圖勢，說
明其術與道教動功之間的聯繫。宋代以後此功法在民間流傳
中得到更大的發展，流派繁多。據說還有南、北不同的門派
區別，各有其要領特點。自體勢而言，八段錦主要有立式和
坐式兩種區分。相對而言，立式功法更便於人們習練，所以
流傳更廣一些。

關於立式八段錦，宋曾慥 (?–1155)《道樞・眾妙》曾記
述了具體練習方法：「仰掌上舉以治三焦者也，左肝右肺如射
鵰焉；東西獨托所以安其脾胃矣；返復而顧所以理其傷勞矣；

大小朝天所以通其五藏矣；咽津補氣，左右挑其手，擺鰭之尾所以袪心之疾矣；左右手以攀其足所以治其腰矣。」

　　晉許遜 (239-374)《靈劍子引導子午記》也記有：「仰托一度理三焦，左肝右肺如射雕，東脾單托西通胃，五勞回顧七傷調，游魚擺尾通心臟，手攀雙足理於腰，次鳴天鼓三十六，兩手掩耳後頭敲。」

　　根據上述兩書，我們可知其基本的功法內容有：

　　(1)仰掌上舉以治三焦

　　採取兩手托天的姿勢，作用在於調理上、中、下三焦的功能。其形體姿勢要求為：直立，兩腳分開，與肩同寬。兩臂自然鬆垂身側，然後徐徐自左右側方上舉至頭頂，兩手手指相叉，翻掌，掌心朝上作托天的樣子，同時順勢踮起兩腳後跟，以後是將兩臂放下復原，同時兩腳跟輕輕著地。反覆多遍，並可配合呼吸。要求向上托掌時深吸氣，復原時則作深呼氣。

　　(2)左肝右肺如射雕

　　做出左右開弓如射箭的姿勢。要求在直立基礎上，左足再跨出一大步，作出騎馬姿勢。同時兩臂在胸前交叉，右臂在外，左臂在內，眼睛看左手。第二式為左手握拳，食指翹起向上，拇指伸直與食指成八字撐開。接著左臂向左推出並伸直，頭隨而左轉，眼看左手食指，同時右手握拳，展臂向右平拉作出拉弓的樣子。動作復原後左右互換，反覆進行多次。也可配合呼吸，要求展臂及拉弓時吸氣，復原時呼氣。

⑶東西獨托安脾胃

起勢同第一式，然後右手翻掌上舉，五指併緊，掌心向上，指尖向右，同時左手下按，掌心向下，指尖向前。動作復原後，兩手交替反覆進行，反覆多遍。如配合呼吸，則上舉下按時吸氣，復原時呼氣。據說此種單舉之法能夠起到調理脾胃的作用。

⑷返復而顧理傷勞

起勢同上第一、三式，然後兩手掌心緊貼腿旁，頭慢慢左顧右盼向後觀望。如配合呼吸，則向後望時吸氣，復原時呼氣。也有人將此法形象化為「五勞七傷向後瞧」。

⑸擺鱔之尾祛心疾

要求兩足分開，相距七十公分（三個足底）的長度，屈膝半蹲成騎馬式。兩手張開，虎口向內，扶住大腿前部。頭部及上體前俯，然後作圓環形轉腰，轉動數圈後再反方向轉腰。在轉腰的同時，適當擺動臀部。可以配合呼吸，在轉腰時吸氣，復原時呼氣。此搖頭擺尾之法，其實並不能去除所有「心疾」，主要是在「去心火」方面比較有效。

⑹手攀雙足理於腰

要求直立，併足，兩膝挺伸，上身前俯，以兩手攀握兩足趾（如碰不到，不必勉強），頭略昂起。然後恢復直立姿勢，同時兩手握拳，並抵於腰椎兩側，上身緩緩後仰，再恢復直立姿勢。反覆進行。本式採用自然呼吸，可以強健腎腰。

以後各式道書中所記不同，《道樞》中提出的是「咽津補

氣」，而《靈劍子引導子午記》中記的是「鳴天鼓」，即兩手掩耳後頭敲。在現代流傳的立式八段錦中，還有「攢拳怒目」、「背後七顛」等各種方法，據說各有「增氣力」、「消百病」的效用。後代還流傳有清代《新出保身圖說・八段錦》、婁傑《八段錦立功圖訣》等，對後世都有很大的影響。另外，有人還將其與中國佛教中的健身方法相結合，拳理也有所變化。

　　坐式八段錦又被稱為「鍾離八段錦」，據說傳自唐代著名道士鍾離子。鍾離子，原複姓鍾離，名權，後改名為覺，燕臺人，字寂道，號和谷子，又號正陽子，生卒年不詳，約活動於五代時。被道教中人列為八仙之一。相傳早年學道過程中主要習劍，後則創制內丹，並形成學說，被人與同時代的呂洞賓 (798-?) 並稱為鍾呂派，在後世有一定影響。所以此功法以鍾離子命名，或許與其學派中人的習練傳承有些關係。此功方式包括寧神靜坐，手抱崑崙（即腦後枕骨粗隆），指敲玉枕，扭頭頻頻，推摩腎俞，手轉雙輪（手向前像車輪轉動），按摩攀足，任督慢運（意念引氣沿任督二脈運行）八節。似乎比立式更多內丹術意識。故從成熟年代而言，或在於明代以後。

　　八段錦的式樣有多種，至今《道藏》還收有四段錦、六段錦及十二段錦等等，多為此功法的演變或分解。這些功法以後成為拳術在我國廣大地區流行，並獲得較好的評價。

四、導引術的後期發展

　　五代至宋以後，由於內丹成為道教主流煉養實踐模式，導引術的地位逐漸下降，發展也漸趨緩慢。但從明代開始，受到城市經濟與市民文化發展的拉動，導引術重新成為需要而在民間得到廣泛的傳播。清代以後，由於時尚發生變化，且後來西方體育傳入中國，導引術又逐漸衰弱。直到二十世紀後期，特別是二十世紀八十年代，導引術才與傳統養生修煉方法結合，重新成為健身良方而在社會上流行。

　　現代以來的導引術，對行氣均有要求，提出應凝神淨慮，專氣致柔；呼吸吐納要做到輕（呼吸輕細）、緩（進出氣舒緩）、勻（呼吸節拍有致）、長（呼吸之間間隔時間長）、深（使吸入之空氣滲入臟腑百脈、機體深部）。一些中醫學家也認為，只有做到柔、緩、鬆，才能使人體有足夠的時間行氣血以調整陰陽，疏通經絡，達到「靜」的要求。從理論上看，現代的導引術思路更契合於道教「靜心」教義與養生觀念。

第六章

靜心之教的動功輔佐（中）

——張三丰內家拳的創制

太極拳一名長拳，又名十三勢。長拳者，如長江大海，滔滔不絕也。十三勢者，分掤、捋、擠、按、採、挒、肘、靠、進、退、顧、盼、定也。

　　道教導引術的創立，最初的目的是為了探討生命活動的規律，以求長生久視。隨著導引術長期地在道教內部和社會上流傳和不斷地創新，它還逐漸演變成為一種拳術。武當道教中流行的內家拳，可以說是道教中人在這方面探索的著名者之一，它大致成熟於明代初期。

　　內家拳（尤其是太極拳）的創始者，歷來說法不一，但教派中人普遍認為是由元末明初的道士張三丰創制的。

一、張三丰生平及其傳說

　　據《明史·方伎傳》，張三丰，名全一，又名君寶，字玄玄，人稱邋遢道人，三丰是他的自號，遼東懿州人，自幼樂道崇武，青年時歸棲寶雞金臺觀，得火龍真人傳道，故屬麻衣道人、陳摶等一系。後遊武當山，見此處道觀被兵火燒毀，與其徒建屋修殿而居之。學說宗三教合流，專以道德、仁義、忠孝為本。所著《大道論》中，有「仙也者藏道度人也」等句。另著有《玄機直講》、《玄要篇》、《無根樹》等書。

　　有人說張三丰丰姿魁偉，龜形鶴骨，大耳圓目，鬚髯如戟。寒暑惟一衲一蓑，或處窮山，或遊鬧市，嬉嬉自如，旁若無人。書經目不忘，凡吐詞發語皆有出處，發人深省。或三五日一餐，或兩三月一食；高興時穿山走石，疲倦時鋪雲臥雪，行住無常。「人皆異之，咸以為神仙中人」。洪武二十四年，明太祖和明成祖仰慕其道，都曾派人尋之，但始終未

找到。《明史》中還記張三丰在世三百餘年，而後不知所終。

　　史書上載他在武當山隱居期間，曾看到雀蛇鬥智。雀上下飛擊而蛇蜿蜒輕身搖首閃擊的姿勢，使他很受啟發，於是集百家之長，融道家養身，始創內家拳於武當。又有書說他此外還曾模仿猴鶴等形狀而有所心悟，這是指他對道教中的「五禽戲」等導引術有所傳習並領會。也有說他是在夢中見真武大帝降臨，親得大帝拳術武技真傳。關於張三丰的身世，史書上還有其他的說法。這是道教派別中人被神話的緣故，不值得奇怪。但據此大致可知，其創制此拳是在居住武當山以後的事情，大概是在進入中年之時。

　　根據他的身世，我們可以推知，他是在早年修習道教靜功、對內功修煉有很深造詣的基礎上，再考慮創制新的動功功法的。所以他創制的功法雖歸類動功，卻是兼習動靜兩功並對兩者關係有所貫通者，是一種對傳統道教功法在新的基礎上的發展與提高。而他提出「必須功拳並練，蓋功屬柔，而拳屬剛，拳屬動而功屬靜；剛柔相濟，動靜相間，始成太極之象，相輔而行，方足致用」等說，正是這種兼習動靜兩功並對兩者關係有所貫通思想的體現。可以說，張三丰的拳術創制並非僅僅是原先導引術基礎上的進步，而是對前代道教功法的集大成，體現的是道教養生功法的進步與發展。

　　為什麼在此階段要有這樣的變動出現呢？張三丰本人及其弟子沒有太多的涉及，筆者以為或許還是與內丹術本身存在的不足有關。道教靜功以內丹術為最高境界，到了宋元時

期又在理論上引入儒、釋性命之說，顯得更為高深玄遠，把
握起來十分困難，這與道教教義較多面向民間、普及於大眾
的實際情況不甚相合。若其功法有形體方面的修煉，化丹道
於動作之中，可深可淺，則適應面更廣一些。

二、內家拳的「哲拳」特徵

㈠對氣形關係的重識

　　張三丰創制拳法時，只是給各套拳術定名，沒有總體的
稱呼，後人則冠之以內家拳之名。有人認為當時提出此種稱
法，主要相對於外家拳而言。此種說法只對了一半，因為張
三丰的拳法還是以內丹功法為主旨，只是變靜坐運氣為動勢，
通過拳架操作，達到以氣養體的作用。所謂的「內」，也有內
丹的意思。在此拳中既貫穿著對內丹原理的繼承，又拓寬思
路，把前人功法理論加以演繹，獲得對形與氣關係的新認識。
這些思想主要體現為：
　　⑴效法自然
　　內丹術比較關注自我的作用，其論雖然也有對天人交互
作用的提示，但自視甚高，往往以人為至尊，而自然只是提
供攝生有利因素之源，而內家拳則有了崇敬自然之情，它對
古代導引術中的五禽戲、八段錦等功法體系都十分地重視，

並對融入自然的認識十分認同。這樣就是在某種意義上實現了對道家「道法自然」認識論的回歸。由導引術演變而來的內家拳，強調效法自然的重要性。史書上載張三丰曾在武當山「研磨太極陰陽之奧蘊，靜觀龜鶴之動態，探究其長壽之源，頓有所得」，認為他從觀察動物形態中受到啟發，從而體悟修煉形體之理。這種精神一直被其弟子們所繼承。

內家拳中有「形意拳」一門派，其中有一種名「形意拳十二形」的，要求模仿龍、虎、蛇、馬、鷂子、雞、燕子、龜、猿猴、熊、鮎、鷹等動物姿勢，提煉出牠們形式中最為精華的東西。這種思路與「五禽戲」有異曲同工之妙。值得注意的是，內家拳已將此種體悟貫穿於其拳理之中，並不直露地仿效動物外形，而是採取了吸納其中精神，融會其中義理的方式進行。

內家拳在其形成和發展中，遠取諸物，近取諸身，象其形，取其意，學其長，利其用。這種對生物、非生物從動作、器械、名稱、方法、特點等全方位的仿效，這種返樸歸真的和諧現象，是內家拳對道教「天人合一」觀念的運用。練習自生物和非生物延伸而來的動作，求得與自然的同步和諧，可以使人這個因素，融於大宇宙眾多因素的運行之中，獲得永恆的存在。這樣的「效法自然」，可以視為內家拳理論和技術體系的根基。它提倡人通過對自然界各種生命現象特點的仿效，以達到健身的效果。

向自然學習不僅僅體現為形似，而且還有對其中理念的

貫通，如「自然無為」、「至柔無形」等等，都是其中的重要
內容。相傳張三丰到了晚年爐火純青之時，所創的太極拳、
太極劍，都柔和到極點。此類如假包換的「面面俱圓」，完全
沒有稜角，完全圓渾自然，威力發揮於無形的功法追求，及
他在出世間隨和謙厚、樸素自然的性格，均是在「效法自然」
之後實現的。

　　(2)太極圖式

　　內丹依據的宇宙觀理論，很多傳承了中國古代天人相關、
萬物有機統一、辯證發展的思想，這在其重要典籍《周易參
同契》裏，有較好的體現。但是此書的作者在論述中還是多
著眼於人體內水火等五行相生相克關係、上中下丹田的俱體
形氣轉化等環節，而對涉及統一原理的部分，卻沒有作更深
入的探討。隋唐時期道教經書《上方大洞真元妙經·太極先
天之圖》中，有對《老子》「無極」之說的引用，宋代周敦頤
(1017–1073) 受道士陳摶 (?–989) 啟發，構思《太極圖說》，提
出「無極而太極，太極動而生陽，動極而靜，靜而生陰」；「五
行一陰陽也，陰陽一太極也，太極本無極也」。描繪出「無極
——太極——陰陽——五行——萬物」這樣一種宇宙萬物生
成與發展的理論。這一思想為朱熹等理學家所闡發，形成較
為系統的天道觀、宇宙觀理論。這一思想的出現體現了我國
古人在對世界本質理解方面的深入，對我們更好地把握人與
自然的關係有所幫助。從內丹中走出來的張三丰，對宋元而
來的學術發展有所感受，並將其融入對道教功法理論的解悟

之中。張氏把自己原創的拳術命名為太極拳，明確表示他把握的是「太極」這一要領。受他思想影響，繼承他的內家拳術學派都特別強調人與自然合一、以「太極」為第一的原理。

太極拳術的繼承者，清代的王宗嶽（乾隆年間在世）曾經撰寫《太極拳論》，開宗明義即言：「太極者，無極而生，動靜之機，陰陽之母也。動之則分，靜之則合。無過不及，隨曲就伸。」就是把太極作為陰陽、虛實、動靜的根據。書中接著還說：「雖變化萬端，而理惟一貫，由著熟而漸悟懂勁，由懂勁而階及神明。然非用力之久，不能豁然貫通焉。」這裏強調的就是以太極為貫通之理的觀點。張三丰倡導的「拳為小道，而太極大道存焉」思想，就這樣在代代相傳中得到了發揚光大。而道教傳統的以拳求道，道在拳中精神也在這過程中得到了更好的體現。

⑶貫穿陰陽五行變化

內丹中原本具有陰陽五行的思想，內家拳對此加以繼承。張三丰及其後繼者，以體用區分陰陽，並同五行相結合，對拳術中的各式內涵作出辨析。比如他的形意掌，以三體式為功，五行為法，十二形為拳，體現心意誠於中，而萬物形於外的自然統一理論。他們把三體式作為形意掌（拳）的基本樁式，將人體的上中下、頭手足，對應於天、地、人，把天、地、人融貫為一體。

另外，在此拳種中還有五行拳法，它按自然界的五種屬性金、木、水、火、土五行，匹配劈、崩、鑽、炮、橫五拳，

要求做到：劈拳之形似斧，性屬金；鑽拳之形似電，性屬水；崩拳之形似箭，性屬木；炮拳之形似炮，性屬火；橫拳之形似彈，性屬土。在具體涉及拳法變化時，他們以五行相生相剋的變化規律加以說明，以此體現人與自然之合一。

(4)整體相觀

內家拳重視身心合修，這個思想是「宇宙整體」觀在拳術中的貫穿與運用。沿用內丹之道的原則，內家拳也講求精神因素的作用。他們認為練拳先要淨化心靈，排除雜念，超脫世俗紛爭，達到「收心」、「入靜」的狀態，才能在練拳中獲得改變氣質、充實心府，增強體質等的效果。不過這時的靜心與丹道要求有所不同，它主要表現於「用意」，即追求一種鬆、穩、靜、圓、勻的意境，而並非完全的入定、「靜心」。

道教中的太極、形意、八卦等各式拳套，繼承道教養生理論，講究「內功外修」。拳家認為武功的強弱需要有內外的配合，所謂內，是指有呼吸練氣的配合，外修主要是指學好拳架，使肢體鬆柔。他們為此建立了一套「天人合一」的拳術理論，很有學派特色。

內家拳理論還要求構建拳術的層次與要素、環節，在各個環節上都要求由丹田帶動氣意，自腰、胸、直到背、肩、臂、手等。「太極拳」功法中提出的以腰為上下肢總樞紐，運動以腰為軸心的原則，就是這一拳術理論的體現。為此內家拳術特別強調整體貫通、協調流暢等要領。

內家拳練習者不僅注意到整套拳術在層次上的連接與協

調，還把它提到具有韻律甚至節奏感的層次。他們認為只有這樣才能獲得玲瓏透體、以虛靈應萬變的效果；而不同於其他拳種要求的神氣活現、精神外露主旨。這些思想耐人尋味，具有真與美結合的意境，是前代人所未及或言之不完全、系統的。或許正是由於它的這些特點，才使其獲得了「哲拳」即蘊涵哲學理念的拳術稱號。應當說，它是當之無愧的。

(二)「後發制人，以靜制動」的拳術原則

張三丰內家拳的創制，既吸收傳統拳術的成果，也對道教養生功法加以發展和改造，所以它的問世，也促進了中國傳統拳術「質」的變化。古代拳諺有云：「內練一口氣，外練筋骨皮。」傳統拳術以「氣」、「形」區分內外。道教到了元時主要以修煉丹田之氣為主，要求修煉出被稱為「真氣、中氣、浩然之氣、精神、神明、內勁」的內氣，而當時流行的一般拳術，包括用於格鬥的武術，自少林寺等佛教宗廟流傳出來的拳術，則更多關注於外形的各種攻防動作形態及其變換。它關注於具有伸縮擰轉和連結骨系功能的筋，以及具有支承自身和轉動伸縮功能的骨的「升降漲渺」功能。

從各種史料記載看，我國古代就有習武傳統，到唐代以後還有武舉一科，自此選拔軍事人才，當時所流行的主要還是比較原始的徒手搏擊等術，也有刀槍劍棍等十八般武藝的使用。這些拳法經歷代與佛教拳法相結合，在套路與拳理方

面更為合理。流行拳術講求拳以力勝，崇尚以內氣強化筋勁骨力，又作用於搏技之中，體現為「力大打力小，快打慢，強勝弱」等要領，所以主要體現「外家拳法」的特點。清末民國初年徐珂編撰的《清稗類鈔》中記載：「少林拳法有練功術，運氣於筋肉，則脈絡突起，筋如堅索，肉如韌革。」《鄭板橋筆記》載：「湖北魏子兆遇少林寺僧，授以練氣運神之訣。魏習之數年，周身堅硬如鐵，值運氣時，氣之所至，雖刀斧無能傷也。」說的就是此類「外家」拳法特徵和表現形式。正因為這種拳法「尚力」，所以它雖然不缺攻防招法變化運用並勇於搏人，但最大弊病是「受人之力」，容易被人乘機反攻。

　　張三丰創制的拳法，就是想在這方面有所突破。這種在理念上的不同，適應了當時社會所需，所以連以梳理學術源流而著名的學者黃宗羲 (1610-1695)，也對此間的變化加以關注。他在《王征南墓誌銘》中指出：「少林拳勇名天下，然主於搏人，人亦得而乘之。有所謂內家者，以靜制動，犯者應用即仆，故別少林為外家。」（《南雷文集》第六卷）而黃宗羲之子百家 (1643-1709)，更是親手撰寫《內家拳法》一書，在其中說：「自外家至少林，其術精矣！張三丰即精於少林，復從而翻之，是名內家。」提示了張三丰重建內家拳術的意義，他表示的對其拳術的推崇，對其中理論意義的發掘，表現的是當時人們的心聲。

　　內家拳與外家拳的最大不同，就在於講求「後發制人，以靜制動」。先秦莊子在論劍道時曾說過要「示之以虛，開之

以利，後之以發，先之以至」，提示出以靜制動的攻防之道，而內家拳的理論則暗合於莊子的上述精神。現代學術界總結了內家拳和外家拳的不同特點，認為它們具體表現為後天發力、後發制人、外形與內力（即整體發力）結合等特徵。與外家拳相比，它的局部肌肉用力比較小，具有通過「聽力」來判斷對手，並介入變力、發力等的拳法技術。

三、內家拳的主要流派

張三丰創制的內家拳，分太極、八卦、形意、大成諸目，而以太極門派為主流。武當拳術有「五不傳」之戒，凡「骨柔質脆、心險、好鬥、狂酒、輕露」者，皆不能傳。故拳法有所宗承而體系成熟，被世人所崇尚而觀摩者甚多，於是逐漸流傳於民間。及至清代，逐漸演化出太極拳陳式、楊式、吳式、武式、孫式等各種門派；形意掌變成形意拳，並與大成拳融合；而八卦掌也有不少的變化。現將此以道教義理為綱之三派拳術，分別介紹如下。

㈠太極拳

據傳原初由張三丰創制的太極拳，只有十三式，現在也有流傳，被稱為原式太極拳。清代王宗嶽對此有所介紹，在其《太極拳釋名》中，言曰：「太極拳一名長拳，又名十三式。

長拳者，如長江大海，滔滔不絕也。十三式者，分掤、捋、擠、按、採、挒、肘、靠、進、退、顧、盼、定也。」行拳時要求意斷勁不斷，動作進退開合伸縮，如長江大海，波浪翻滾滔滔不絕。用法上是掤捋擠按一氣連，採挒肘靠於引進、滾動之間。其間包括能築基壯元氣的無極樁，能增長浩然之氣和掤勁的混元樁，能增長功力並提高技擊性的立圓功、平圓功等等。以後，此拳法傳播於民間，據說由明代將領戚繼光 (1528-1588) 在《紀效新書》中加以運用，改為三十二式；以後又有二十四式、八十八式的出現。同時，在山西由陳王廷 (1600-1680) 演繹形意拳之主旨，形成「纏絲勁」的陳氏太極拳派；在直棣形成以武禹襄 (1812-1880) 為創始人，以小巧緊湊、集強身、防身、修身為一體特徵的武式太極拳；由河北楊澄甫 (1883-1936) 定型，才用拳架舒展簡潔、結構嚴謹、動作和順等特徵的楊式太極拳，均以其各自風貌在各地流行，影響甚廣。

　　《武當武功·概述》中說：「太極拳寓意於陰陽之內，起於陰陽之初，變於陰陽之中，以應陰陽、太極之象。」（裴錫榮、李春生主編，湖南科技出版社，1986 年）根據上述原則，太極拳以陰陽為本，強調陰陽互抱，剛柔相濟。此外，還要求動中有靜，靜中寓動，以求體悟陰陽之道。注重以心行意，以意導氣，以氣運身，以身助神，以神領形。

　　在具體練拳架時要求做到：

　　⑴立身中正。本意即身體自然正直。要求頂頭塌胯，即

上有虛靈頂勁，下有氣沉丹田，精神、內氣上下貫注，自然達到效果。

⑵含胸拔背。須知此處之含胸屬於化勁動作，而不是始終不變，應將此要求與前面的頂頭相聯繫，還是要向上拔的意思。

⑶坐腕。做到手掌自然伸張，手腕微有上翹，以保持手腕的輕柔靈活。

⑷鬆柔平和。太極拳要求的鬆軟，是指在各關節靈活基礎上，相互巧妙地配合，互相呼應。遵從以柔克剛、無為而無不為原則。

⑸分清虛實。道教中人認為太極是原象，它如環無端，周流不斷。學習者要求做到「處處總此一虛實」。由虛到實不能驟變，而必須又慢又勻地實現重心的漸變。此種交替做得越細緻、清楚越好。

⑹以腰為軸，內外六合。即使是最原初的太極拳譜，也記載有多種不同的拳式，它們有的與「五禽戲」的動作相仿，如白鶴亮翅、金雞獨立、倒撞猴等等；有的則更接近於八段錦的創制原則，講求動作與形體內臟的聯繫。但是不管是哪種動作，都被要求在腰的帶動下，按照「節節貫穿」的原則，「上下相隨，內外相合」地運動。這樣的拳架訓練，引出了對腰與手、腿腳的主從關係、先後關係的認識。這就是其拳書中「其根在腳，發於腿，主宰於腰」要領的由來。

⑺輕盈靈敏，氣達梢尖。拳譜上提到「一舉動，周身俱

要輕靈。」這裏的「輕」是力度，「靈」指觸覺，所以要求用最小的力量來練拳，以培養靈覺。梢尖是指血梢（頭髮）、筋梢（指甲）、骨梢（牙齒）、肉梢（舌頭）等人體末端部位。太極拳要求勁力透達，講求動作與形體內臟的聯繫。但是又要求利用人類所獨具的皮膚觸覺，獲得靈敏精確的感知外力變化之能力。其實既有對八段錦等導引術原則的繼承，又有對在運動過程中人與體外環境交流更多考慮。這種考慮涉及層面更為表端，要求也更加細化。

　　因為太極拳的上述特徵，後人以「四兩撥千斤」來形容其作用，是十分確切的。

㈡八卦掌

　　據傳八卦掌也始創於張三丰的道教門派，先是流傳於武當山，以後通過武當山道士郭濟元、九華山道士畢澄霞流傳至民間。現在民間常以河北文安縣朱家塢村的董海川（1797-1882）為此拳祖師。據董海川弟子尹福等清光緒九年（1883）所立《董先生墓誌銘》載，海川「少任豪俠」、「性好田獵」、「後遇黃冠，授以武術，遂精拳勇」，故董氏武功從「黃冠」道士學來之史實仍被認定。吳圖南（1885-1989）《國術史略》中云，海川所師為畢澄霞，而《武當武功》一書編者則云，武當郭濟元也與董海川有傳授關係。

　　此拳在理論上以《易經》的陰陽、五行、八卦理論為理

論基礎，董海川曾作《七星卦圖序》，以卦理說明功法，指導
練習。他要求以先天為本，後天為用，練後天以補先天。按
照易理，宇宙萬物莫不是陰陽互變的結果，因此，只要弄清
了陰陽之間的關係，明白了陰陽變化的道理，就掌握了萬物
變化的規律。八卦掌據此把千變萬化的拳法簡化為左旋右轉
地走圈，要求如八卦之相蕩更替那樣，採取走圓定方的步法。
提出左旋為陽，右轉屬陰兩儀延續；只要連接八方，腳踏八
卦，頭頂太極，可代拳法之萬千。這樣，不停地走圈，成為
八卦掌的基本功夫和基本特徵。

　　和太極拳等拳術在講求陰陽時有所不同的是，八卦掌把
所有的陰陽變化，都看作是一個圓運動的過程，所以用走圈
來表現陰陽的運動變化，適應陰陽變化的規律。它在走圈過
程中用斜身法、反力（來回勁），對人體力量的要求相對比較
高。所謂「搭手交十字，邁步必繞圈，任他離弦箭快硬，左
右陰陽來統帥」（王培生 (1919–2005)，《李經悟傳陳吳太極拳
集·序》，河北大學出版社，1993 年），講的就是以看似簡單
的走圈，達到保護自己戰勝對方目的的拳術特徵。從中可明
瞭八卦掌拳理和技擊的優勢所在。

　　其拳術在技擊中以掌為主，提出拳不如掌，掌不如指，
所以通過掌拳的伸縮變化為可用之器物，輔以腿、肘、拳、
爪、指、頭等擊打對方，並輔之以內外兼修。在具體運功時，
要求用掌緣砍切用法如刀，回掛前銼走斜面如銼粘物，扣如
鋼鉤、捋肘掛脖如鉤，用掌指戳目截喉如鋼叉，用虎口抓扣

卡拿掐嗉如鉗。此拳術門派中流傳有《八卦掌經歌訣》、《八卦掌拳論》、《八卦掌轉勁》、《八卦掌用法歌訣》、董海川《八卦掌體用歌訣》、《八卦掌功法歌訣》等，可供參考之用。

㈢形意拳

　　形意拳在張三丰時期尚未形成，其時在道教中唯有形意掌，以後經明代山西蒲州（今永濟）人姬隆鳳（1602－1683，一說 1642－1697）在陝西終南山獲得據說傳自道教門派的拳譜，經體悟後形成形意拳。後經傳人鄭氏等改造功法，融入佛教及跤拳（流行於山西等地的摔跤法）等武術之拳意，成為現在這個樣子。也有人為此稱其為大成拳，即集諸拳之大成者。

　　在理論上，太極拳講一統之重要，八卦拳講陰陽的對立平衡，而形意拳則側重於五行之說，五行即金木水火土五種物質。在中國古代經籍裏，講過五行相生相剋之理。提出金生水、水生木、木生火、火生土、土生金，是為相生；金剋木、木剋土、土剋水、水剋火、火剋金，是為相剋。五行配五方為：東方木、西方金、南方火、北方水、中央土。五行配五臟為：肺屬金、肝屬木、腎屬水、心屬火、脾屬土。依照上述五行理論，五行拳設定了五種基本拳法，即劈拳、崩拳、鑽拳、炮拳、橫拳。其中劈拳屬金，崩拳屬木，鑽拳屬水，炮拳屬火、橫拳屬土。按五行配五方之說，劈拳向西，

人體對應的是膻中穴，行拳時要意想自己從膻中穴發力；崩拳向東，人體對應的部位是來脊穴，行拳時要意想從自己的來脊穴發力；鑽拳向北，人體對應的穴位是會陰穴，行拳時要意想從自己的會陰穴發力；炮拳向南，人體對應的是祖竅穴，行拳時要意想從自己的祖竅穴發力；橫拳居中，與人體的中丹田對應，行橫拳時要意想從自己的小腹處發力。

　　形意拳以內功著稱，講求內三合、外三合。即心與意合，意與氣合，氣與力合；肩與胯合，肘與膝合，膝與足合。宜上下左右相合為用。從運拳身法而言，太極拳講究轉身法，要求粘連抱圓不丟頂；八卦拳為斜身法，為渾圓之術；而形意拳則是正身法，為誠圓之術，自身特色非常明顯。

　　與其他拳種不同的是，形意拳在練拳時強調「心意誠於中，肢體形於外」，通過形和意的相互調節，內與外的相互作用，達到體用兼修的目的。所以要求練形意拳先從精神訓練開始，首先以四梢、四透來培育和加強精神作用。過去在此派中有「神打」之說，就是自精神作用而言的。

　　古拳譜中有《四梢讚歌》，提示其中作用，其詞為：

　　髮為血梢：怒氣填胸，豎髮衝冠，血輪速轉，敵膽自寒，髮毛雖微，摧敵不難。

　　舌為肉梢：舌捲氣降，雖山亦撼，肉堅似鐵，精神勇敢，一舌之威，落魄喪膽。

　　齒為骨梢：有勇在骨，切齒則發，敵肉可食，背裂目突，惟齒之功，令人恍惚。

爪為筋梢（手腳指趾甲，也就是指趾端）：虎威鷹猛，以爪為鋒，手搜足踏，氣勢皆雄，爪之所到，皆可奏功。

四梢齊，威力生，可變其常態，使人畏懼。

太極拳也講人體「梢」、端的作用，但是它對感受外在變化範圍比較廣義，而形意拳則明確作用針對與運功對手，縮小了感受範圍。自此可知，它經傳授過程中的變化，更多考慮外戰應敵之需，與早期道教功法以養生為主的宗旨有較大的不同。

形意拳講的四透（亦稱四穿）精神是：眼要看穿，神要照穿，氣要催穿，力要打穿。認為如果把四穿（透）精神領會了，神威自發。如虎捕羊，羊見虎威，嚇得不敢動，癱在原地等虎吃。這與太極拳「凝神內斂」的主旨也是不一樣的。不過以四穿（透）精神練拳，可使精神集中，工夫長進快速，又有防止低頭哈腰、東瞧西望毛病之功，這都是其值得學習之處。

形意拳要求全神貫注，是要求在形神一致的情況下達到整合全身勁力的效果。拳術中所說的「勁」，與「力」有所不同，要求在運拳時肌肉保持鬆懈不緊張，四肢關節處放鬆下沉，所發之力來自全身而非著力之某一體端。所以它的發力動作，是由全身形成身、上肢左右、下肢左右的五張弓型，五張弓的互不相同發射方向，互相牽扯，統一集中於一射點上，便達成整勁，此被形意拳家謂之五弓合一。

所謂五弓之力，是指身為主弓，上肢左右各為一弓。下

肢左右各為一弓。主弓中在腰，上肢中在肘，下肢中在膝。主弓與上肢兩弓接於肩，主弓與下肢兩弓接於胯。發力過程為由下肢弓踩踏發彈力到主弓，上肢弓頂塌通過肩到主弓，主弓再將自身伸張彈力匯合一起再傳導於受力點，於是起到發力制敵作用。形意拳訣曰：「一身俱五弓，身弓最為重。肘膝四張弓，發勁不離身。」為此，形意拳家對人體的發力點與各關節接骨脈絡、氣血流行部位的關係，及相關的動作要領，做過很多的研究。

此外，內家拳拳術體系中，流行於後世的還有武當拳、龍虎功等，它們各有其對道教原理的取捨，在功法上也各有其特色，是我國道教動功中不容忽視的組成部分。

四、道教拳術的現代流行

道教養生拳術在現代社會的流行，其流派紛呈，蔚為大觀；而且練功者人數眾多。它之所以能引起人們的關注，首先是與我國人民生活水準不斷提高，大部分地區已經進入或正在全面建設小康社會有關。安定的生活使人們在解決了溫飽問題之外，還能將著眼點放在提高生活品質，尤其是生命品質的問題上。

其次在生活水準提高的同時，現代社會生活節奏之快，壓力之大也是此前國民所難以想像的。由於節奏快，壓力大，加上都市環境的嘈雜，使人們難以得到充分而有效的休息。

休息不好帶來的後果是嚴重的，突然昏倒會損害個人身體健康，而精力不集中除了降低工作效率以外，更可能對人們的生命和財產造成危害。這時，道教拳術以其特有的身心俱養、形神兼修的練功思路，成為大家首選的一種健身方式。

再次，現代社會的發展使得社會老齡化趨勢日益突出，尤其在大都市中更是這樣。老人們身體品質本就有所下降，若加上由於種種原因，使他們缺乏子女的關愛、社會的認同，致使在精神世界裏十分孤獨的話，往往會使老人在生理和心理的雙重打擊下，精神空虛且較易生病。所以相對而言，老人更需要一種可以使他們擺脫這種困境的養生之法。大多數體育運動對老人的身體來說都過於激烈，而道教拳術中的太極拳等，運動量既不大，又能發揮修身養性、延年益壽的作用，不啻為解決這一問題的一劑良方。

道教養生拳術流行的主觀原因包括：一、道教的平衡觀念與現代養生觀念的暗合；二、道教養生拳術與現代競技體育相比有自身特有的優勢。

道教動功拳術與源於西方文化的競技體育有很大的不同。希臘文化對西方近代競技體育有著根本的影響，以航海貿易為主的經濟生存方式和海上漂泊的冒險生涯，使人們在與大自然的搏鬥中，養成了自強奮鬥、熱烈追求、思變好動、善於競爭的民族性格。西方人認為生命的原動力來自於機體之外，因此西方競技運動每一個專案都是以速度、力量、體能的競爭為核心的，進而形成了奧運會「更高、更快、更強」

的宗旨。

　　西方體育著眼於物質形體，對形體則著眼於表層的皮肉筋力，故有煉形不煉神，煉動不煉靜之嫌。另外，體育競爭是人類自我價值實現的重要途徑，是對個性解放的強烈追求，因而鼓勵競爭，追求精神與肉體的統一和證明自我的存在，從而把榮譽和爭勝聯繫起來。這種勇往直前的爭勝精神和原始本能無窮盡地發掘和展示，固然值得欽佩，但其負面作用亦相當明顯，那就是對練習者身體可能產生的傷害。

　　道教養生術講究「動靜相因」、「由動入靜」，根據這種理論，雖然動功各流派採用的方式、種類精粗有別、互有短長，然就其總原則而言，又有一致的要點，即講究「以柔克剛」。諸如太極拳等功法，都要求四肢百骸、關節肌肉，都柔軟得像嬰兒一般；練功時把真氣儲蓄在丹田裏；呼吸綿綿不斷，調整得細長如春蠶吐絲一般；動作如蛇行蛹動，柔若無骨；內外一致，運用「柔道」原理和方法，達到以柔克剛的效果。

　　在這個前提下貫穿的平衡觀，符合《周易》均衡、中和、對稱要求，特別是對其間的制約平衡觀有很好的表現。

　　我們知道，一個人的生命期並不長，而競技體育具有潛在的傷害性，可能會對人的機體產生不利的影響，所以不是很適合作為養生之用。道教養生拳術則使鍛煉者遵循生命活動原動力來自機體本身的思想，提出以「治內」為本的養生哲學，主張「以柔弱勝剛強」，要求呼吸與形體的變化均如行雲流水，又配合以心神的內外兼修，所以很多拳種都能產生

使機體保持「不損」的效果。特別是導引、太極拳等內家拳功法，主張養身自衛，希望消弭競爭，減小了傷害身體的可能性。這是它能在世界養生功法之林中引起特別關注，使人們心嚮往之的原因所在。

第七章
靜心之教的動功輔佐（下）
——雜修功法及動靜辯證

　　這些形體的「動」，在形式之動中即蘊含著「靜」，其一招一式符合規律之轍，體現沉靜輕靈之意；而「靜」在形體運動中並非靜如止水，也暗寓著動，潛存著精神意識的合理運動，並引導著形體動作的外在變化。所以，動中寓靜，靜以御動，動以養形，靜以養神。動靜合一，形神共養，實為道教養生術的奧妙之所在。

　　道教動功功法中包括的內容十分豐富，其中不乏有實用價值者，它們多根據人體生理、醫理創作，達到療病健身的作用。葛洪將其功歸之於「一則調營衛，二則以消谷水，三則排卻風邪，四則以長進血氣」（《雲笈七籤》第三十六卷），是較為全面的看法。道書《真誥·協昌期》收有魏晉道教上清派導引法數十種，而以按摩頭部、五官功法為主。司馬承禎把握固、叩齒、引氣等道術編排成完整的坐式導引功法，內容相當豐富；又有立法、臥法等相傳。在宋張君房（1001年前後在世）《雲笈七籤》、宋曾慥《道樞》中都收有多種相關功法，很多是把道教養生術與醫學理論相互結合，值得我們珍視。

　　道教中人認為與內丹大法相比，此不過是小道而已。當然既然能被納入道教經籍，總有其服務於教義、能在宗教活動中發揮作用的一面，所以不能完全與醫學治療相提並論。這又是我們瞭解此類功法時需要注意的一個方面。

　　以下略舉其中較具教派特色者介紹之，以餉讀者。

一、五官雜修類功法

　　這多是指能產生堅齒、明目等類作用的修攝方法，有時道書中以「叩齒類」代指。其中主要動作有啄齒、漱唾、握固、咽津、頓踵、叉手、伸足、目、引耳、摩面、乾浴、托頭等等。《黃庭外景經·上部經》中有言：「子欲不死修崑崙。」

務成子（生卒年不詳）注：「頭為崑崙，道治其中。」意思是說，修煉大腦是十分重要的。五官是人身安置魂魄的門戶，人的頭部集中了各種經脈、孔穴、神經、器官和感官，修煉這些頭面部位使之保持清明之態，就能使邪氣百毒無法入侵，獲得對人體的保養。通過歷代的實踐，這類功法得到了逐漸的完善，在養生方面具有相當的實用價值，也在社會上有一定的流傳，所以值得我們關注。

與上述功法相似的，道教中人還創制有梳頭、攬赤龍（攬舌）等鍛煉方法，經實踐，人們感到只要能持之以恆，多有明效可驗。

上述功法被認為可在做導引、按摩、行氣等功法時輔助使用，還常常用於做醮齋等法事之中，當然也可單獨修持之。

(一)叩齒

叩齒是口腔的運動，它有助於健齒。葛洪《抱朴子·雜應》中言：「能養以華池，浸以醴液，清晨叩齒三百過者，永不搖動。」這裏提到的華池，即是指口腔，醴液則是唾沫的代稱。書中還說也可以加以含服地黃煎等草藥，來助其功效。元代道教首領丘處機 (1148–1227) 在《攝生消息論》一書中說：「當清晨睡醒，閉目叩齒二十一下，咽津，以兩手搓熱熨眼數次，多於秋月行此，極能明目。」他把堅齒、明目放在了一個操作程序，並認為牙齒堅牢則咀嚼有力，能充分地磨碎

食物，使之與唾液充分混合，有助消化、護腸胃的作用。牙齒好，消化功能健全，自然身體強壯，耳聰目明。這是較為辯證的觀念。

　　根據陶弘景《養性延命錄》等道經中的介紹，我們可知叩齒的要領在於排除雜念，放鬆思想，口唇輕閉，然後上下牙齒有節律地輕輕相擊。每次連續叩齒三十六次或七十二次，早晚各一次。叩齒後，將口腔中的唾液慢慢咽下。如此便可以強腎固齒。有的還要求配合以握固、咽津、摩面等其他修道形式。他們還提出，此行作用在於「溉臟潤身，流利百脈，化養萬神、支節、毛髮，宗之而生也」（《老君尹氏內解》）。一般叩齒咽津在技巧上不太難掌握，一般人只要持之以恆，便能產生預期的效果。

㈡赤龍之耕

　　亦名「赤龍攪海」。赤龍指人的舌頭；海，指口腔。此術見載《道樞・還元》：「徐運其舌，撩乎上顎者，十有二；撩乎下顎者，十有二。撩乎齒之外、上唇之內者，十有二；撩乎下唇之內者，十有二。」也就是說，使舌頭在口腔內上下左右攪動，可達健舌生津的效果。

　　道教中人對人的津液十分看重，《黃庭經》把它稱為「玉池清水」，或以「華池」指稱。《老君尹氏內解》說：「唾者，湊為醴泉，聚為玉漿，流為華池，散為精浮，降為甘露。」稱

呼、比喻中均是美好、華貴之詞。因為同為口腔運動，故可與叩齒等術結合操習。

現代研究證實，唾液中的澱粉酶和溶菌酶具有助消化和抗菌的功能。含有的激素，對骨骼和齒的發育、血鈣和血磷的代謝、蛋白質的合成都有一定的促進作用。分泌型免疫球蛋白能增強人體免疫力，抵禦疾病的侵襲。唾液中的粘液蛋白質可以部分地中和胃酸並使之發生沉澱，附著於胃粘膜上，形成一層保護膜，對潰瘍病的防治有積極意義。而且，通過唾液中所含的十多種酶、多種維生素、多種礦物質、有機酸和激素等共同作用，可對某些致癌物質如黃麴黴素、苯並芘、亞硝基化合物起解毒作用，其中尤以對過氧化酶的解毒作用最強。所以道經中說的珍惜津唾以健身延年，還是符合科學道理的。

㈢鳴天鼓

此為摩耳方法，是用來進行聽力保健和治療耳鳴、耳聾的自我按摩方法。我們知道按摩是我國醫學中特有的治療手法，它在世界上有一定的知名度，現在歐美等地仍十分風行。有人認為此法對腎虛引起的眩暈、健忘、思維能力減退，也有一定的療效。

道教中將此法配入步罡踏斗等齋醮儀式場合，如南北朝《洞神八帝元變經》中記有禹步法，曰：「人立在地戶巽上，

面向神壇坐之方，鳴天鼓十五通即閉氣。」然後舉步行法。這是其術與科儀形式結合之一例。另外，道教靈寶派等則認為通過沐浴、齋戒、鳴天鼓等手段，可使駐紮於人身的長生大君、無英公子、白元尊神、太一司命等神靈請出來，發揮「下鎮人身泥丸絳宮，中理五氣，混合百神，十轉回靈，萬氣其仙」等作用。這樣看似簡單的操作也貫穿著與內丹術相通之理。此法在與宗教教義有機結合的同時，也深化了動作要領的內涵。

清潘尉（光緒年間在世）輯撰《內功圖說》記其操作方法為：兩掌分別緊貼於耳部，掌心將耳蓋嚴，用拇指和小指固定，其餘三指一起或分指交錯叩擊頭後枕骨部，即腦戶、風府、啞門穴處，耳中「咚咚」鳴響，如擊鼓聲。該方法的思路在於通過刺激有關的孔竅，使潛在功能得到開發，獲得預期之效果，因此有的道經中還把它列入內丹術中周天運功之一種。

據有關文獻記載，目前在我國流傳的摩耳方法已有許多種。它們有的要求拉耳屏，即雙手食指放耳屏內側後，用食指、拇指提拉耳屏；有的要求掃外耳，即以雙手把耳朵由後向前掃，聽到「嚓嚓」之聲；拔雙耳，即兩食指伸直，分別插入兩耳孔，旋轉 180° 往復三次後，立即拔出，耳中「叭叭」鳴響；摩耳輪，即雙手握空拳，以拇指、食指沿耳輪上下來回推摩，直至耳輪充血發熱；摩全耳，即雙手掌心摩擦發熱後，向後按摩腹面，再向前反覆按摩背面，如此等等。據說

練習後多有健腦、強腎、聰耳、明目之功效。

五官運行還有轉眼睛、搓鼻側等方法流傳較廣。前者練習法為按順逆時針方向輕微轉動眼睛；後者則為兩手握拳，依次擦動鼻翼部位。對相應部位都有一定的保健作用。

五官修煉功夫一般動作比較簡單，學起來也容易一些，但還是有所禁忌。有關道經中的記載，除要求保持形體上的放鬆舒暢之外，還提出了動靜結合，練養相兼，勞逸適度，防止情欲干擾等方面的前提條件。這些思想是與其他動功功法一脈相承的。

二、睡　功

睡功一門，若以動靜相分，此功當入靜功之列，然就其注重形體修煉而論，則又與動功有關。

睡功其實源自於我們的日常生活，睡眠休息有恢復體力、精神的作用。不過道教中的睡功，融合於丹道之理，有自成體系的訣竅，故有其特殊的功效。宋代的道士陳摶 (872–989)，被認為是此功法的最初集成者。據道經上說，他是在四川道士何昌一 (生卒年不詳) 那裏學「鎖鼻飛精術」時受到啟發，從而創建睡功的。他傳承睡功主要是在華山之時，所以現在華山玉泉院還立有他的睡功石像。據說明代張三丰也曾師從陳摶傳人火龍真人，從終南山得到睡功真傳。張三丰為此還曾撰詞一首，曰：「學就了，真臥禪；養成了，真胎元，臥龍

一起便升天。此蟄法，是誰傳？曲肱而枕自尼山，樂在其中無人諳。五龍飛躍出深潭，天將此法傳圖南（陳摶之字）。圖南一派儔能繼？邋遢道人張丰仙。」以表達得到此功法的喜悅之情。後世繼承的道人中，以清時西派道士李涵虛（1806–1856）為最。

　　關於睡功的要領，近代道教學者陳攖甯先生（1880–1969）為其概括出「守中抱一，心息相依」八字要領，被道學界廣泛流傳。一般人靜臥於床上時練習，要求做到意識集中守住鼻唇之間的人中之處，以意內守，達到心念與呼吸相互依持，綿綿不絕。另外還兼有形神、動靜方面的配合，故有與內丹術相通之處，而有「蟄龍之功」之稱。

　　正確的睡功修煉，能達到自然由睡而轉為入定的效果。丹家認為此與佛教中的坐禪不同在於，沒有刻意用功之處，完全達到放鬆的境界。修煉後之人感到百骸調理，氣血融和，精神舒暢，其妙絕處甚難形容。現代人生活節奏緊張，精神壓力大，入睡困難者大有人在，此功的實行，或可為這類人群解除睡眠方面的煩惱提供條件。另外作為內丹修煉的補充，它還特別適合於體弱有疾、不便長久站立盤坐者習練。

　　明代周履靖（生卒年不詳）《赤鳳髓》第三卷中錄有《華山十二睡功》，中有睡功圖訣及相關要領，並提出修煉此功時，也有結合叩齒等的講究。被認為是修煉此功的最佳導讀書籍。今人在此基礎上加以衍化，將有關功法與治療疾病聯繫起來考慮，其中不乏有參考價值者。

不過，道學前輩陳攖寗先生等也指出，由於睡姿畢竟不如坐姿、立姿這樣能提人精神，所以相對而言，在功法的精確方面較他種形式尚有差距。另外，多睡有時會在腦中恍惚出現游泳、發大水、下大雨等景象，所以需要更為慎重對待。若能與其他姿勢交替運作，則更無偏頗之虞。

三、動功的動靜辯證觀念

道教動功修煉者既有對前人靜功理念的吸取，又結合於傳統動功的經驗，於是對動靜之間的關係處理，有了新的體悟，這樣也為道教「靜心」之道增添了新的內容。他們在道經所說的形神兼養、動靜結合等原則基礎上，對其中的內涵作出充實和提高，為我國道教理論補充了新的東西。其中有對動靜概念的新理解，對動靜如何結合與多樣表現的新提示，為今天人們對這方面的思考，提供了幫助，所以值得我們回顧與思考。

(一)動靜概念的新理解

動靜問題引入道教學說中，起先是來自於對養生過程中形神關係的論證。由於道教養生觀以《周易》的陰陽對立統一觀為依據，於是往往與陰陽問題的辨識相互聯繫。根據中國古代的形神關係認識，陰陽平衡的學說，道教中人認為，

人的精神屬陽，是易於動而耗散之物，它難於清靜內守，所以須養之以靜；相對於精神而言，人的形體屬陰，是易靜而難動之物，故養形以運動為貴。動靜之舉對於人體，各有其不同的針對性。具體而言，動以養形應以適度合宜為要，應注意不損不傷的原則；靜以養神追求平穩的精神狀態，而非刻意追求形如槁木的慘狀，如此等等。

到了宋初，道經中的上述思想通過陳摶傳授，被周敦頤所應用。他在所著《太極圖說》中，將陰陽五行、動靜關係與宇宙形成過程等問題相聯繫，說：「太極動而生陽，動極而靜；靜而生陰，靜極復動。一動一靜，互為其根；分陰分陽，兩儀立焉。陽變陰合而生水火木金土，五行順布，四時行焉。」這是認為，混而未分的太極動則生出陽氣，靜則生出陰氣，陽變陰合，相互作用，便生出水、火、木、金、土五行。五行之氣順次部署，四時就運行起來。其中的太極能動能靜，是由元氣自身的運動和靜止，分化出陰陽二氣；在分化過程中，運動和靜止總是相互依存，陰陽二氣既相輪替，又相對立。於是陰陽動靜觀就被提升到了宇宙觀、天道觀的層次加以討論。

以後張載 (1020-1077) 改造了周敦頤的太極說，以氣解釋太極，並以「一物兩體」（《橫渠易說·說卦》），即一個物體（體質）兼有對立的兩個方面，來解釋動靜作用的客觀表現。南宋朱熹 (1130-1200) 以形而上之理與形而下之氣關係，對動靜問題作出分辨。明末王夫之 (1619-1692) 以本體與功

能（或性能）相統一的觀點，釐清太極動靜等在現象世界中的相互影響、流轉不已、生生不息等問題。經他們的詮釋，陰陽、動靜的相互聯繫在理論上的辨認更為清晰。

受上述思想深化的影響，道教中人對動靜的理解也在不斷地深入。他們由晉唐時期比較多地強調「靜」的作用，過渡到對兩者間的關係有全面的認識。道教動功的修煉者認識到，作為人的形體外在表現的動靜，也是與宇宙大規律相通，是一對與太極、陰陽相互關聯的結合體，所以可以體用的範疇來規範它們。一般而言，在道教功法修煉中，動有運動人體的意思包含在內，即是指在意念的引導下，形體有所動作的狀態；靜是指在動作節分處的沉穩之狀，在外觀上看略有停頓之處。但是在此階段人的內勁並沒有停頓，肌肉也保持著用力的狀態。他們在實踐中認識到：不僅形體之動形式多樣，內容十分豐富；而且所謂的「靜」，也包含有豐富的形式與內容。

中國先祖自老莊開始，就強調養生的清靜原則。老子曾謂「致虛極，守靜篤」、「見素抱樸，少思寡欲」、「不欲以靜」、「雖有榮觀，燕處超然」等至理名言，並將此無為守靜、恬淡寡欲、平靜超脫的養生原則，返樸歸真於「道」。莊子在繼承老子養生思想基礎上，強調「依乎天理，因其固然」（《莊子·養生主》）。他提出「純粹而不雜，靜一而不變，淡而無為，動而以天行，此養生之道也」（《莊子·刻意》），並記錄了「坐忘」、「心齋」等流傳於當時的養神方法。雖老莊均講

到清靜養神，但也並非靜而不動，止如死水，亦非刻意追求形式上的靜，其內涵是豐富多樣的。發展到道教一脈，「靜」至少可區分為兩種：

其一，「靜」意味著思想與情緒平穩安寧，排除了一切雜念，即情緒和心理上的平穩狀態。此時人已經摒棄了心緒上的大起大落、大喜大悲，維持了安靜樂觀的精神狀態。因為情緒活動是人體生命活動的一個重要組成部分，任何消極或過激的情緒都會對人體造成一定的損害。《內經》對「怒傷肝，喜傷心，思傷脾，悲傷肺，恐傷腎」早有認識。據此，道教中強調的情緒、心態寧靜、平穩，對維持身心健康是至關重要的。

其二，「靜」意味著人體陰陽、剛柔調節至安泰平穩狀態，實質上是人體臟腑、經絡、氣血即人體各系統形態及其生理功能的平衡狀態。它也可被稱為「入靜」，是通過氣的吐納等方式，獲得的特殊煉養境界。靜的這種生理、心理狀態具有特定的養生功效。它可以緩和、制約、化解亢奮的欲求、情緒，使人的心緒常處於清虛寧靜狀態，得到抑亢持衡的效應，防止體能過度濫用，節約生命能耗。它也可通過精神上的自我控制與調節，消除浮躁的心境與緊張的情緒，使身心進入最佳的鬆弛、靜穆、充實狀態。另外，則針對於合乎自然規律的生命代謝，「靜」也可指使這種人體生命新陳代謝，在穩態平衡中悄然進行，從而達至延年益壽之功效。

(二)動靜的相互結合

在依據前人理論的基礎上，道教中人對動和靜的關係作出自己的解釋。他們提出以形神兼養為核心的動靜觀，要求認識到養形的「動」決不是純粹的動、盲目的動。凡是有效的形體之「動」，一定離不開精神之「靜」的制約。其中的意識專注、身心放鬆、神情的自然寧靜，則至關重要。並認為醫書《黃帝內經》（已被引入《道藏》，成為道教經典之一）所明示的四時調神方法，如春季「廣步於庭」以養形，「被髮緩形，以使志生」來養神；夏季「夜臥早起」以養形，冬季「無厭於日，使志勿怒」以養神等，便是形神兼養、動靜相宜觀念運用的較好典範。

道教動功體現的以動養形，一般均以柔和為宗旨，宋晁迵 (951–1034)《道院集》中有言：「導氣令和，引體令柔，氣和體柔，長生可求。」就是認為包括導引行氣（吐納）等功在內的道教功法，都是以動養形之術。所形成的是以呼吸吐納為主，輔以軀體運動、按摩內修特色的運動方式。這些形體的「動」，在形式之動中即蘊含著「靜」，其一招一式符合規律之軌，體現沉靜輕靈之意；而「靜」在形體運動中並非靜如止水，也暗寓著動，潛存著精神意識的合理運動，並引導著形體動作的外在變化。所以，動中寓靜，靜以御動；動以養形，靜以養神，實為道教養生術的奧妙之所在。

　　魏晉以來，道教中人對如何在運動中保持「靜心」做出思考，許多人提出這裏主要表現的是「神舒體靜」、「用意不用力」、「放鬆自然」的意境。相對於內丹術的「靜」，動功功法還是有動作、有作為的，所以要按照練體、練氣、練神的不同階段循序漸進。先求肢體的柔軟舒適，再求心情的舒暢、自在安樂，最後達到氣勢磅礴、內氣充盈、神舒體靜、內外皆美的境界。這與專練筋骨皮肉的民間武術運動方式，有很大的不同。

　　與此相應，道教動功便以輕便易行、有益身心為準則，對外在的形體招式則取變通之態度。有的功法直接提出「但覺身有不理則行之」，可以由習練者「多聞而體要，博見而善擇」（《抱朴子・至理》），即可根據時令、地域及習練者體質的不同，採取各異的用功姿勢，很有選擇之餘地。

　　上述道教養生術中的動靜辯證觀念，是對道家思想的繼承和進一步深化，總體來看，是以形神兼養為其前提條件。動以養形、靜以養神、動靜結合是實現形神兼養而達益壽延年之功的不二法門。

　　其中的動以養形，提倡的是適度原則，它以不損不傷為要旨。導引術、內家拳、雜修功法等，雖然在運動方式上有所差別，但其宗旨皆在於鍛煉形體，呼吸精氣，舒通筋骨，達到袪病延年之目的。所以在運動量和運動強度要做到適可而止，以與自己身體條件相得為度。《素問・上古天真論》中說過，運動應做到「形勞而不倦」、「不妄作勞」，道門中人引

此作為奉行動靜適度的主旨。同時道經中也提到，養生修煉還應以防傷為本，凡超越身體之可能，皆當免除。誠如葛洪《抱朴子‧微旨》中提出的「欲修長生之道……禁忌之至極，在不損不傷而已」觀念。而對「久坐傷肉，久行傷筋，久立傷骨，久視傷血」(《素問‧宣明五氣》)等各種致傷因素也應當熟知，從而防傷，這才是良善的養生練功之道。這個道理雖不直接與動靜辯證相關，卻也貫穿其中思想，故也可視為其中一個組成部分。

　　道教動功在一定程度上具有治療疾病的作用，葛洪就曾經說過，導引能「療未患之疾，通不和之氣，動之則百關氣暢，閉之則三宮血凝，實養生之大律，袪疾之玄術矣」(《抱朴子‧別旨》)。其他功法也往往有這方面的功效。但是要注意的是，此種功法畢竟不是完全的醫療手段，不能取代醫學治療，所以不能太多地從療效來談其作用所在，而應更多地從整體調養人體機能、改善精神狀態中獲得其功效。當然這就有些題外話的成分了。

㈢動靜關係認識的引申

　　道教中人在動功實踐中將所獲得的動靜認識新觀念，拓寬了我們審視動靜關係的視野，有些思想直到現代仍有啟示意義。以下列舉數說，以供品賞：
　　⑴柔和緩慢，圓活連貫

　　道教中人思考動靜結合的表現，首先是柔和連貫。這裏的柔和，是指在習練拳術、功法過程中，動作不僵不拘，輕鬆自如，舒展大方。緩慢，是指習練時身體重心平穩，虛實分明，輕飄徐緩。圓活，指動作路線帶有弧形，不起稜角，不直來直去，符合人體各關節自然彎曲的狀態。它要求操演者以腰脊為軸帶動四肢運動，上下相隨，節節貫穿。連貫，要求動作的虛實變化和姿勢的轉換銜接，無停頓斷續之處。既像行雲流水連綿不斷，又如春蠶吐絲相連無間。

　　清代太極拳經籍《十三勢行功心解》中，有「邁步如貓行，運勁如抽絲」的說法，就是要求行功時的動作柔軟又速度均勻。貓走路絕無狠心踩腳、地動山搖的形狀；而蠶抽絲也只能緩緩用力，不然則欲速不達，以斷絲了之。真正的太極拳發勁，不能用斷勁、硬力，它形似柔弱，卻可以接二連三，如環無端，如長江大河，滔滔不斷，使對方失去招架能力。此要求也與道教中的其它功法一致。

　　這種對動靜關係的理解，是別具理蘊的。

　　⑵放鬆自然

　　這裏的放鬆，是指精神與形體兩方面的放鬆。精神放鬆前已有所述，其主要是解除心理和生理上的緊張狀態；形體上的放鬆，是指習練時肌肉、關節及中樞神經系統、內臟器官的放鬆。道教功法家（包括導引、內家拳、雜修功法者等）認為，放鬆是指在意識的主動配合下，逐步達到呼吸柔和、心靜體鬆，同時鬆而不懈的狀態，所以需要經過由內而外、

由淺入深的持續鍛煉，才能實現。在修煉動功功法時，「緊」
在動作中只在一瞬間，而「鬆」須貫穿動作的始終。放鬆與
入靜相輔相成，入靜可以促使放鬆，而放鬆又有助於入靜，
二者缺一不可。

　　自然，是指形體、呼吸、意念的順其自然。具體而言，
形體自然，要求的是合乎法理，準確規範；呼吸自然，主要
是指不能強吸硬呼；意念自然，要求的是「似守非守，綿綿
若存」。要注意的是這裏的自然不能理解為「任意自流」，而
是要求遵循「道法自然」之理。

　　道教中人認為，動功取勝用的不是常法，即以不斷加大
自己力量為上；而是通過不斷減少自己的力量，使自己變得
鬆柔，使對手有力無處可施。這樣做的結果，能使實施者捨
去硬力、獲得鬆柔，同時通過沉氣、沉勁，產生爆發勁，於
是給對方以殲滅性的打擊。或者也可通過以柔克剛、引對手
進擊落空。

　　⑶準確靈活，剛柔相濟

　　這裏主要是提出準確與靈活結合的問題。動功有姿勢、
方法的規定，當然會提出準確方面的要求；但是這種規定又
不能死板，要根據自身與外界的條件靈活掌握。如果把死板
視為「死靜」的話，那麼這裏的動就是指富有靈活性的「靈
動變通」。

　　這裏的靈活，指的是一種輕靈之態。道經中提出要輕靈
到「一羽不能加，蠅蟲不能落」，就是對這種高靈敏程度的形

容。道教功法大師還常常用「百煉金鋼繞指柔」的說法，來提示剛柔相濟的標準。說的是，名貴的寶劍可以纏腰一周，而道教動功追求的，也就是這種「極柔軟，然後極堅剛」的境界。

關於剛柔相濟，還有一層意思是指不能鬥力蠻幹。因為鬥力即意味著浪費精力，而過多的消耗，也就意味著走向死亡。這與道教追求長生的宗旨是不相符合的。

上述內容雖然在講功法要領，但對人們的世界觀、方法論成形，不無啟示意義。

第八章

德生雙修，精神呵護
——心神相關的「靜心」修煉

　　《太上出家經訓》中說：「所以名道士者，謂行住坐臥，舉念運心，唯道是修，唯德是務。持齋禮拜，誦經燒香，奉戒修身，燃燈懺悔。佈施願念，教導眾生，發大道心，造諸功行。普為一切，後己先人，不離塵勞，惟行道業。」這段話集中體現了道教道德修養內涵。只有很好地履行人的社會職責，拯救普天下人，才能證道成仙。

　　道教中人不但關心人的生命長度，而且還注重提高生命存在的質量。為此他們提出，良好的生活狀態不僅來自於身體健康，還在於心理上的愉悅。精神上若有煩惱，受它影響人的身體也會出現不適症狀，而良好的精神狀態則與人的觀念有關。道經中有大量類似「長生之本，惟善為基」（唐杜光庭 (850–933)《墉城集仙錄》第一卷）、「入善為生，為惡而死」（魏晉天師道教經《太上老君戒經》）等的教戒，意思就是要人從積德行善過程中獲得好的心態，為養生的修煉打下一定的基礎。葛洪在這方面講得更為明確：「欲求仙者，要當以忠孝和順仁信為本。若德行不修，而但務方術，皆不得長生也。」（《抱朴子·對俗》）

　　在上述思想指導下，道教要求其修煉者寓養生於養德，身心並重，不僅強調形體保健，優化人的生理功能，還包括心性修養，提高人的德性，淨化人的靈魂。他們把這也列入「靜心」教義的內容之一，這個思路是非常獨特但又是符合事實的。

一、身心並重，性命雙修

　　道教既重視形體的煉養，又重視精神的修煉觀念，可以其提出的「身心並重，性命雙修」等修道原則為典型。這些觀點的提出，與他們吸取中國傳統觀念有關。

　　性和命是中國古代哲學中的一對重要範疇，早在《周易·

說卦傳》中，就有「窮理盡性，以至於命」的說法。這裏的性，遵從儒家傳統，指的是人性、天性；而命則指命運、天命。不過，道教中人對性、命有了自己不同的解釋。陸潛虛(1520–1600) 在他的《玄膚論》中提出：「性則神也，命則精與氣也。」煉心神為性，煉精氣為命。丘處機《大丹直指》中則說：「金丹之秘，在於一性一命而已。性者天也，常潛於頂；命者地也，常潛於臍。頂者性根也，臍者命蒂也。一根一蒂，天地之元也，祖也。」這裏所說的性，是指人的心性、精神；而命則是指生命、形體。這是在形神統一的基礎上提出來的。

「神將守形，形乃長生」，既然性和命是相互統一的，所以修道必須形神俱煉、性命雙修，才能達到人生的最高境界。佛教徒主張從智慧入手，明心見性，立地成佛，達到涅槃的境界。但是佛教教義否認肉體的價值，忽視形體的修煉，這與道教注重形體和心性的雙重修煉是有所不同的。

應當說道教關於性命雙修的思想有吸收佛教觀點的成分，但又有自己的發展。特別是到宋元時期的全真教那裏，這一理論得到了較好的發揮。對於全真教這個名字，相信大家都不會陌生，在金庸 (1924–) 寫的《射鵰英雄傳》和《神鵰俠侶》兩部書中，全真教、全真七子的名號十分響亮，他們被認為是「天下武功之正宗」，又有「行俠仗義，扶危解困」之功。其教派主王重陽 (1112–1170) 帶領七位高徒創立自己教派時，所命名的「全真」，有摒除妄幻、全其本真的含義。所以全真道提出「道」就是性命，是修持和處世的基本原則；

性命雙修，是內丹術修煉的最終目標。王重陽在吸取禪宗主張不立文字，明心見性，人人皆有佛性等思想的基礎上，主張修道要先修心，並把這一思想與傳統道教重視人的生命的思想相結合，成功地解決了心性和性命的關係。他認為心和性的關係十分密切，「命無性不靈，性無命不立」(《五篇靈文》)，在具體的修煉過程中，三分命功，七分性功，從心性修煉入手，再到形體的煉養。

前此，唐代呂洞賓在《敲爻歌》中就說：「只修性，不修命，此是修行第一病。只修祖性不修丹，萬劫陰靈難入聖。達命宗，迷祖性，恰是鑒容無寶鏡。壽同天地一愚夫，權握家財無主柄。」王重陽的學派繼承者丘處機在吸收呂洞賓思想的基礎上，發展了這一觀點。他結合人體生命現象，對如何修命的理論和過程做出清楚的闡發，形成全真道的內丹理論。丘處機認為縱使內在修為很高，如果沒有外在的事功，也是不能成仙的。因此，他主張在內在修煉的基礎上，兼修德行，這樣才能超越現實人生，進入仙境。

全真道的性命雙修理論在實踐的基礎上，將道教養生與養德相結合的思想發展得更加完善。它將心性修養這一玄妙的問題，轉化為追求生理和心理健康、提高生命質量、獲得高尚道德品質的問題。對今天的人們個體精神境界的提升和道德品質的完善，有著重要的啟示和借鏡意義。

1948 年 9 月，國際初級生保健大會發表的《阿拉木圖宣言》明確規定：健康的目標是追求一種更積極的狀態，更高

層次的適應與發展，是身心健康、社會幸福的完滿狀態。也就提示了只有身心健康、體魄健全，才是完整的健康。可見已經注意到心理健康是人的健康不可分割的重要部分問題。所謂心理健康，是指一個人的生理、心理與社會處於相互協調的和諧狀態。《不列顛百科全書》將健康定義為：「人在體力、感情、智力和社交能力等方面可持續適應其處環境的程度。」(《不列顛百科全書》，第七冊，中國大百科全書出版社，第 515 頁)可見其認定的健康包括了人的機體與心理等方面。但在現代社會，隨著經濟、科技文明的高速發展，人們在享受豐富的物質生活同時，也在精神上承受巨大壓力。生活節奏和生存壓力的增大，使人產生精神焦慮，安全感的缺乏。於是為求得心理上的健康，越來越多的人希望得到精神上的放鬆，而道教的「德生雙修」養生方法，則對現代人以積極的態度維護心理平衡、達到健康目的，提供借鏡與啟示。

可以說，上述形神相關、性命並重的思想，是形成道教於養生中介入道德修養、生命與心神養護並重觀念的重要依據。在這一思想的指導下，道教中人進行了多方面的實踐與理論思考。

二、積德行善，精神愉悅

性命雙修、德行兼顧當從何處入手呢？它又如何與養生修煉有機地結合？道教中人認為可以從入世著手，通過與人

處理好關係、行善積德為開端。這是由我們人類的本質屬性所決定的。

　　我們的先人早就意識到人與其他動物不同的地方，就在於人歸屬於有社會性的群體。荀子提出，人的力氣不如牛，奔跑不如馬快，卻可以駕御牛馬。這是因為人類能通過分工的方式組成合力，然後達到預期的目標。為此人往往會關注人際關係，產生出不同的心理反應。若人的行為能受到社會的認同，那他就比較容易維持良好的心情，自我認同感也比較強烈。而當人的行為與眾人有所不同時，他所要承受的精神壓力則會高於往常。當然我們不能因此而鼓勵人不辨是非，人云亦云；但是在可能的條件下尊重群體的意向，慮及別人的反應，處理好與他人之間的關係，確實是使人保持良好心境的重要條件。

　　道教中人作為宗教的信仰者，雖然已經具有超脫世事的精神境界，但還是有在社會上獲得良好生存狀態的要求。在與人處理好關係的問題上，教派中人認為除了遵循常理，還可通過主動爭取社會認同的方法來獲得接納。這樣就要求道教徒通過行善積德的道德實踐活動，使精神境界得到提升，達到助人為樂的境界。劉一明 (1734–1821)《修真九要·序》，強調「積德行善乃修道者之要務」。他指出這裏的「積德」，指的是恤老憐貧、惜孤憫寡、施藥捨茶、修橋鋪路、扶危救困、輕財重義、廣行方便等等。這裏的「行善」，包括苦己利人、勤攬塵勞、施德不望報、有怨不結仇、有功而不伐、有

難而不懼，見義勇為等內容。對於如何涉世積德，指點得非
常具體。

　　心懷他人，自律利他；濟世度人，造福人類。這些要求
看上去只是一種道德上的規定，其實與養生也有關係。道教
中人認為，善的行為由於能受到世人的認同，所以往往與「美」
的聯想結合在一起。行善是生命價值的完美體現，而美好的
感覺帶給人的則是愉悅的心情。一般來說，宗教教義中把善
惡判斷的標準歸之於神的啟示，所以比較強調神的獎賞懲罰
對人的行為的約束作用，道教教義中也有這樣的內容。其中
提出道教中人行善，是他能夠成仙的重要條件，而此過程會
有神來監視。被認為是早期道教典籍的《太平經》中曾有「天
券」之說，提出人只要年復一年、日復一日地將自己的善惡
行為記錄於「天券」之上，以此來檢查自我行為的得失，並
與上天之神所記相符相應，就可成為名副其實的善人。以後
道書裏就據此出現「天計功過」（《洞玄本行妙經》）的說法，
也因此演變出種種功過計量儀典。《天微仙君功過格》中還對
功過的考核辦法做出介紹，提出分功與過為兩類，其中功格
為三十六條，分救濟、教典、焚修、用事四門；過律三十九
條，分不仁、不善、不義、不軌等門。經過考核，遠惡遷善，
於是離成仙之路就不遠了。這種把行善要求加以制度化、體
系化的做法，體現了他們對實施善行的認真態度。

　　道教中人對為什麼強調善行也曾做出過回答，其中提到
最多的是生命自保需要。他們指出，人的本性就是要保存自

我生命，但是這不能靠簡單的自我保護，乃至如楊朱般地「拔一毛以利天下不為」就能實現。由於人是生活於群體之中的，所以只有「利己利人」，才是「千秋大道」(《呂祖全書》第七卷)。道教神仙系統中塑造了來源各異、層次不同的神仙，他們有一個共同的特徵，就是在道德上「為人師表」，代表著善、正義、神聖。這些形象為教派中人的行為作出示範。

　　道經中記載，道教神仙溫瓊元帥，慈惠民物，驅邪伐妖，被天帝召為佑嶽神將，東嶽太保。張天師用符法為人治病、降妖伏魔，功德昭著，白日飛升。許天師鎮蛟斬蛇，為民除害，舉家飛升。薩天師用咒棗術濟貧拔苦，用雷法剷除奸害，用寶扇為民報冤，於是道法大顯，聞名遐邇，被玉帝封為「天樞領位真人」。長春真人丘處機不遠萬里到西域，勸成吉思汗南下中原時要敬天愛民、少行殺戮，使百姓深得其德佑。後被奉為與開創教門的張天師齊名的神祖。這些傳說與史實，都教導道教徒在修道過程中要立德，努力使自己成為一個俱備德行修養之人。

　　道教中人認為，在日常生活中，倫理道德常作為外在規範力量約束人們的行為。由於道德力量只給出外在的強制性規範，沒有內化到人們心中，也沒有成為自覺，「世風日下」的現象便難以避免。而道教所要求的道德並非外在的規範，而是要求以「道」為宇宙的根源，為一切生命的源泉，為萬事萬物存在和發展的最高原理。它既是超越宇宙萬物的本體，又體現於具體事物之中，形成「德」。萬物由「道」而生，但

出生後又靠自己的本性生長,所以說「萬物莫不尊道而貴德」,
「道」與「德」是相通的。「德」在人類社會中就體現為按照
「道」的特性來立身處世、治國安民,並具體體現為一定的
行為規範。這些規範源自於宇宙的最高本體,同時又和個體
生命的本源相一致,從而形成道教對道德追求的獨有特點,
即道德內化為人的本源性需要,不再是外在的強制規範力量,
而是每個修道之人所必須履行的自覺行為。

　　道教《度人經》中講:「仙道貴生,無量度人。」修道者
在修「仙道」之前必須修「人道」,「人道」是「仙道」的基
礎,得道成仙的基礎在於修德。道教徒認為實現生命轉化的
關鍵在於人的德行,葛洪在《抱朴子‧微旨》中指出:「欲求
生長者,必欲積善立功,慈心於物,恕己及人,仁逮昆蟲。
樂人之吉,湣人之苦,周人之急,救人之窮。手不傷生,口
不勸禍。見人之得如己之得,見人之失如己之失。不自負,
不自譽。不嫉妒勝己,不妄陷陰賊。如此乃為有德,受福於
天,所作必成,求仙可冀也。」「積善事未滿,雖服仙藥,亦
無益也。若不服仙藥,並行好事,雖未便得仙,亦可無卒死
之禍矣。」(《抱朴子‧對俗》)如果一個人沒有道德的行為,
就算他修習得再好也是不能成仙的。要成仙,就必須尊重他
人權利、履行社會義務。身處世俗的信仰者,只有通過多行
善事、立功積德才能換取仙界的入場券。

　　《太上出家經訓》中說:「所以名道士者,謂行住坐臥,
舉念運心,唯道是修,唯德是務。持齋禮拜,誦經燒香,奉

戒修身，燃燈懺悔。佈施願念，教導眾生，發大道心，造諸功行。普為一切，後己先人，不離塵勞，惟行道業。」《道門通教必用集》卷一這段話集中體現了道教道德修養內涵。只有很好地履行人的社會職責，拯救普天下人，才能證道成仙。「度人」的方式有很多種，如用我的力量去幫助他人，用我的德行去感化他人，用我的學識去教導他人等等。

普度眾生，視忠孝仁愛等價值為成仙之必備條件，並在實踐中體現出孝敬父母、先人後己、助人為樂、抑惡揚善等氣象，對淨化人的思想，提升道德水準具有積極的作用，同時也有利於社會人群的相互接納，和諧相處。可以想見，在上述情況下，行善之人會得到較為友好的社會人情回饋。這對人提升自我價值的認定，是有幫助的。在這樣的條件下生活，自然有利於其健康心態的形成。

道教中人認為，當人心懷邪念作惡損人時，他往往因受到他人的仇視、或感到內心不安，而心神不寧，身心恍惚，疾患也因此而發生。所以修煉神仙之道，決不能存損人利己之心，否則就有魔障。陸潛虛《呂祖全書》第九卷中說：「雖明丹理，不積行動，損他利己，魔來塹靈。」就是說，修煉內丹之道，即使已懂得其中的妙理，但如果未積累道德上的「行動」，盡幹些「損他利己」的事，那麼丹道也不能煉成。所以呂洞賓勸人利益他人，方便眾生，拯救危困，使自己也因此而得救。呂洞賓還舉例說，從前漢天師張道陵(34–156)在米價高漲時，或以原價出售，或救濟貧民，分毫不取；許真君

合藥治病，救死扶傷，建立大功。這些人後來都得道成仙，可見仙道是利他的。修仙之人只要「博施普濟」他人，就能達到自己的目的。

　　道教成仙信仰與外在事功相結合的思想，是歷代道教都十分信奉的。如金丹南宗祖師張伯端就把「德行修逾八百，陰功積滿三千」(《悟真篇》)，作為結丹成仙的必要條件。王重陽也要求弟子通過行善積德的道德實踐活動來修煉自己，他在《玉花社疏》中提出：「若要真行者，須是修仁蘊德，濟貧拔苦，見人患難，常行拯救之心。……所行之事，先人後己，與萬物無私。」丘處機發展了王重陽的思想，強調道德實踐在修行中有重要作用。他明確提出內修心性、外修功行的修養方法，說：「大抵外修德行，內固精神，內外功深，則仙階可進，洞天可遊矣。」(《真仙直指語錄·寄西州道友書》)他還進一步指出，性命雙修、積累功德，要在世俗塵世中進行而非自我孤立於遠離人世的地方；但是修道者又不能為俗事所擾，因為參加俗事的目的是為了煉養心性，達到心境的澄明。此外，他還改變了王重陽不入仕門的基本精神，主動與朝廷交好，為朝廷服務，以治國保民之術告誡統治者，使全真道得到朝野的普遍支持，規模空前。

　　現代心理學已經把人對環境的適應也列入健康的標準，認為心理健康既是指人的心理即知、情、意活動的內在關係協調，又要求心理的內容與客觀世界保持統一。為此，美國心理學家威廉姆·格拉塞 (William Glasser, 1925-) 提出人生

五種需要理論，其中包括生存 (surviral)、愛與歸屬 (love and belonging)、權力 (power)、自由 (freedom)、享樂 (fun)。這些內容能夠促使人體內、外環境平衡和促使個體與社會環境相適應的狀態。所以在人際關係中能做到彼此謙讓，在社會上能得到發揮自身能力的機會，也被視為心理健康的表現之一。而道教中人將人的長生與積德行善做必然的聯繫，則是上述觀念在某種意義上的體現，所以是一種有意義的觀念提示。

三、參透死生，樂觀處世

　　情緒穩定與心情愉快是心理健康的重要標誌，它表明一個人的中樞神經系統處於相對的平衡狀態，意味著機體功能的協調。如果一個人經常愁眉苦臉，灰心絕望，喜怒無常，則是心理不健康的表現。這種心理上的愉快，除了來自生理的原因之外，還與精神所處的狀態有關。心理健康的標誌還表現為有幸福感，這也在道教經籍中得到體現。

　　道教中人傳遞的是一種對人生的樂觀主義態度，他們不像佛教中人認人生在世為痛苦，而是感到人生充滿樂趣，並願意將這種樂趣永遠保持下去。王重陽要人行道斷除「憂愁思慮」(《重陽教化集》第一卷)。宋朝道士白玉蟾 (1194–1229)教人唱《快活歌》：「快活快活真快活，虛空粉碎秋毫末。輪迴生死幾千生，這回大死方今活。」「朝朝暮暮打懞癡，且無一點閑煩惱。屍解飛升總是閑，死生生死無不可。隨緣且吃

人間飯，不用繰蠶不種稻。」此中的「屍解」，古時作為解脫凡塵形體成為神仙的代稱。在道教學說中甚為流行。作者雖然唱得是佛教的詞，但絕無一點佛教的悲觀主義色彩，只有道家的大智若愚、參透生死的快樂。

　　道教所描繪的神仙王國，也是充滿了快樂與幸福的世界，神仙們四處找樂子，從來不識愁滋味，因為「神仙肚裏無閒愁」（白玉蟾《上清集・大道歌》）。在這個世界裏，快樂與至善至美天衣無縫地合而為一，神仙是幸福快樂和真善美的化身。這也成為道教所希求的生命理想。

　　現代醫學中有種思路，就是要求使用藝術療法 (Art Therapy)、笑聲治療 (Laughter Therapy) 等來舒解壓力，理性情緒行為治療法（Rational Emotive Behavior Therapy，簡稱 REBT）的創建者，美國心理學家亞伯・艾利斯 (Albert Ellis, 1913–) 就認為，這樣做可以使人將潛意識裏壓抑的情感表達出來，從而達到治療的效果。有學者介紹說，藝術療法中的繪畫，能緩和人的情緒，讓人情緒鎮定下來，所以對制止焦慮等情緒的惡化，預防焦慮症的產生，有特殊的療效。這種方法也被認為是信念療法的一種，並開始運用於臨床。所謂信念療法，是指建立在自信心的基礎上，以自我安慰、自我解脫、自我激勵、淨化心靈、平衡心理、減輕壓力、排除焦慮和煩惱、追求力量、增強信念為內容的現代心理療法。

　　科學家通過研究發現，人類的大腦和免疫系統並非只是一種生物性的構造，它們會通過人的意識刺激某種體內系統，

釋放一些特殊的化學物質而對其發生作用。所以人的某些情緒同健康直接相關：微笑可以使人體釋放某種提高免疫能力的化學物，從而增強人體對疾病的抵禦力；大笑能夠提高大腦中的類似嗎啡的成分，幫助緩解內心的痛苦。當然如果使人體由此消除不良狀態，復歸於寧靜、平和，則能較好地發揮各臟器機能，讓人表現為活躍與健康。這一發現引發了科學家的聯想：如果能指導大腦在必要的時候向免疫系統發出適當的資訊，理論上人們就可以抵抗任何疾病。

　　道教中人提出的快樂是以參透生死、拋棄是非為基礎的。他們提出人生當「撒手浩歌」，自在逍遙，作世外人，「吃人間飯」。劉一明在《修真九要》中說道：「人生在世不過一瞬間耳，無常一到，縱有金穴銀山也買不到性命，孝子賢孫也分不了憂愁。」所以應當「先將世事齊放下」、「勘破世事」，這樣才能腳踏實地，為道忘軀，最後獲得成道的境界。在此信念的推動下，道教中人才得到了對現實遭遇的豁達，在生活中也能夠做到隨遇而安。白玉蟾在《上清集‧大道歌》中說：「一個閒人天地間，大笑一聲天地闊。衣則四時唯一衲，飯則千家可一缽。三家村里弄風狂。十家街頭打鶻突。」雖然生活艱苦，衣食無著落，還是沒有愁苦之相。他的無憂出自對信仰的執著，及對生活遭際的釋懷。

　　中國人自古有著現實主義的傳統，中華民族崇尚對生活的樂觀主義態度。不過道教中人的樂觀主義還是有與社會主流儒家觀念不同之處，那就是更多地關心個人的心理需要，

所以也以個人利益作為快樂的基礎。在顧及社會公德的同時，也從道德估算的角度來衡量苦樂。他們雖然表面上不再過問俗務是非，但仍講求世風人情，所以還是以精神上的灑脫、對現實生活的解悟為快樂標準的。

近年來國內外的臨床醫學研究表明，類似悲傷、憂慮等情緒確實會引起生理變化，所以「心碎」這樣的詞可能不只是詩人或哲學家的常用詞語，而是真的會對心臟等器官形成的傷害。有的人遇到過量或突如其來的情緒壓力時，身體釋放的腎上腺素等激素進入心臟，會讓心臟肌肉受到衝擊造成類似心臟病發作的症狀。所以治療這樣的疾病，就應當身心並治，通過諸如化解心結，提高信念，引導患者的希望、期待、信念和生存意識等方式，改變對方的身體狀況。美籍心理學家阿瑪斯 (A. H. Almaas, 1944–) 曾說：「如果深深地經驗了痛苦，並且對這個過程產生了完整的了解，你就成熟了。一個真正成熟的人會深刻地感覺到，快樂與和諧都存在於吾心深處。」(《自我的真相》，胡因夢譯，深圳報業集團出版社，2007 年，第 81 頁) 他們通過提示信念系統等方法，啟動病人強烈的希望、積極的期待和生存的意識，由此使軀體得到合理的調適，使人的軀體朝著對自己有利的方向發展。

王重陽、白玉蟾等人提倡的快樂精神，所過的貌似唱唱跳跳、癡癡癲癲的生活，從某種意義上說，也是擺脫精神上的焦慮、鼓起生活勇氣的好辦法，符合於信念療法的宗旨。由於王重陽等人生活在宋元交替時代，其時戰亂蜂起，飢餓、

死亡時時威脅著老百姓。在這種惡劣的生存環境下，具備苦
中作樂的精神，能夠較好地應對生活中出現的困難，也是能
保持健康體魄的良藥。所以當時一般民眾雖然不能解悟道教
之理，卻也能讚賞道教觀念，或與他們在處世方式、人生態
度及養生出發點等方面，認同道教學說有關。

四、淡泊名利，定心定神

心理上的放鬆、快活的處世態度，是要有相應的世界觀
支撐的。道教中人在實踐「不管風吹浪打，勝似閑庭信步」
的人生態度時，所依持的是以下這幾方面的根據：

㈠順應自然的觀念出發點

現實生活中人們會遇到很多困擾，這主要是因人們往往
在頭腦裏存在著各種欲望，欲望得不到滿足，就會產生許多
心理疾病。而道教中人早在創始之初就根據道家學說，提出
了天道無為、順應自然的思想原則。他們引老子《道德經》
中的話，指出道的主要特點是無為，人應效法道，也要做到
自然而然。這對於擺脫欲望糾纏，有一定的幫助。

道教中人也信奉莊子的主張，《莊子‧達生》中提出：「一
其性，養其氣，合其德，以通乎物之所造。夫若是者，其天
守全，其神無郤，物奚自入焉。」認為修養身心要去掉欲念，

人們只有保持心性的純一，保養正氣，與道合德，才能通於
天地造化之道。做到這點，那麼他的心性就健全圓滿，他的
精神就無有隙漏，就不會被外來的欲念所迷惑。這是從道德
理念出發，提出的精神保養方法。

　　《莊子‧在宥》講了這樣一個故事：黃帝向廣成子請教
怎樣才能獲得長生，廣成子告訴他，大道的精髓幽深莫測，
大道的極處晦暗沉寂。什麼也不看，什麼也不聽，保持精神
的寧靜，形體自然健康。不要使身形疲累勞苦，不要使精神
恍惚不安，這樣就可以長生。看不見也聽不見，內心也就什
麼都不知曉，這樣你的精神定能守持正固，能夠長生。小心
謹慎地摒除一切思慮，封閉起對外的一切感官，以免因智巧
太盛招致的失敗。持守渾一的大道，處於陰陽二氣諧調的狀
態，就不會衰老。莊子提出的是摒除私心雜念、使心中恬淡
安寧的心性修養方法。

　　《抱朴子‧至理》中提出：「遏欲視之目，遣損明之色。
杜思音之耳，遠亂聽之聲。滌除玄覽，守雌抱一。專氣致柔，
鎮以恬素。遣歡戚之邪情，外得失之榮辱。割厚生之臘毒，
謐多言於樞機。」在這裏，作者葛洪將恬淡寡欲的心性修養方
法和人生追求相結合，認為對大道的體悟和對知識、品德的
追求，是遠遠高於財富和名利的。唐孫思邈在其《千金要方》
中提出：「夫養性者，欲所習以成性，性自為善，不習無不利
也。性自內善，內外百病皆悉不生，禍災亦無由作，此養性
之大經也。」也認為修養身心要以精神上的無為即不勉為其難

為上。他們的這些修德養生之法，有與儒家「仁者壽」相通
之處，也是以順應自然為理論出發點的。

㈡清靜恬淡、定心在胸的人生氣象

　　道教養生表現出對影響健康的心理因素的高度重視，因
此提倡少私寡欲，加強對情緒的節制。人生在世難免會有欲
念，與外界溝通的過程中又往往造成思慮的忐忑，所以中國
人習慣將七情與六欲並提。道教中人提倡清淨寡欲，戒之以
柔弱不爭，就是力求減少欲望，把它限定在合理的範圍之內。
這與其他學派的思想有不同之處。儒家主張溫柔敦厚，發乎
於情、止乎於禮。但是到宋元以後，多講「存天理，滅人欲」，
逐漸演變為對正常欲念的過多壓抑。佛教主張有性無情，所
以對人情的東西作出太多的否定。相對而言，道教的恬淡無
欲觀念，提倡的是於遵從人情前提下，對貪欲的節制，所以
具有合理性。

　　《老君二十七戒》中講：「行無為，行柔弱，行守雌無先
動。」（《雲笈七籤》第三十八卷）便是清靜恬淡精神境界追求
的體現。其中所要求的是知足常樂、放眼於廣闊無垠的歷史
長河中，從一時的是非得失中超脫出來的人生境界。它要求
的是能夠隨遇而安，不為名利所累，始終如一保持崇高的精
神境界；而心地的清靜無為，則以摒棄各種邪惡的欲念，一
心向善為基礎。

應當說,「人非草木,孰能無情」,現實生活中的事會引起個人情緒波動,這不足為奇,我們需要把握的是無論積極還是消極的情緒都應該適度。「多」對人的健康有很大害處,要保持心境的平和。針對於此,重溫孫思邈提出:「多思神殆,多念則志散,多喜則忘錯昏亂,多笑則臟傷,多事則形勞,多語則氣乏,多欲則志昏,多好則專迷不理,多愁則心攝,多怒則百脈不定,多樂則意溢,多惡則憔悴無歡。」(《備急千金要方》)是有意義的。與其所想相近,道教養生觀念中還有「十二少」、「十二多」的說法。所謂「十二少」,是指「少思、少念、少欲、少事、少語、少笑、少愁、少樂、少喜、少怒、少好、少惡」(陶弘景《養性延命錄·教誡篇》)。道教中人認為,實行這十二少,是養生的總原則。而相對地,「十二多」指的是「多思、多念、多欲、多事、多語、多笑、多愁、多樂、多喜、多怒、多好、多惡」(同上)。之所以行「十二少」而反對「十二多」,是因為「多思索則精神受到危害,多雜念則志氣散逸,多嗜欲則神志昏蔽,多事則形體疲勞,多說話則氣短神累,多嬉笑則五臟損傷,多憂愁則內心恐懼,多快樂則意氣驕溢,多喜歡則善忘錯記頭腦昏亂,多發怒則血脈賁張不定,多愛好則迷戀於中不可控制,多厭惡則內心憔悴沒有歡樂」。這種說法也是合理的。

全真道在道方面有較為系統性的論述,元秦志安(1188-1244)《金蓮正宗記》中講全真道修煉是:「以柔弱謙下為表,以清靜虛無為內,以九還七返為實,以千變萬化為權。」

王重陽認為「只要心中清靜兩個字，其餘都不是修行」，他將亂心→降心→清心→定心作為心性修煉的全部過程。他認為人心都是亂的，而亂心是無法達到長生久視的境界的，因此就需要降心，「若不降心，反接世緣，道德損矣」（《授丹陽二十四訣》）。再進一步，氣入丹田，精血不衰就是清心。在這個基礎上，「其心不動，昏昏默默，不見萬物，冥冥杳杳，不內不外，無絲毫念想，此為定心」（《重陽立教十五論》）。做到了定心，煉心也就完成了。

為了更好地做到煉心，全真道制定了一套嚴格的教規指導道教徒的生活，他們認為修道者要「絕名棄利，忘情去欲，則心虛；心虛則氣住，氣住則神清，神清則德合道生矣」（《授丹陽二十四訣》）。另外，在吸收佛教「打坐」思想的基礎上，提出修道者「須要十二時辰行住坐臥一切動靜中間，心如泰山，不動不搖，把斷四門。眼耳鼻口，不令外景入內，但有絲毫動靜思念，即不名靜坐」（《重陽立教十五論》）。

王重陽認為心性清靜、空虛澄明就達到了修煉的最高境界，成仙的主體在心而不在身。他的徒弟馬鈺 (1123–1183) 繼承發展了這一關於心性修煉的思想。馬鈺認為清靜是道的基本內涵，道家思想一言以蔽之，就是清靜。「夫道但清靜無為，逍遙自在，不染不著」；「道以無心為體，忘言為用，以柔弱為本，以清靜為基」（《丹陽真人語錄》）。同時，清靜也是道教徒性命修煉欲達到的理想境界。

道教中人認為，在具體的修煉過程中，清靜不是片刻的

功夫就能達到的，必須要經過長期艱苦的磨練才能得道。馬
鈺提出「三十六導引，二十四還丹，乃是入道之漸門，不可
便為大道」（《丹陽真人語錄》）。只有真正做到心靈清靜，才
會有所成。「欲要養氣全神，須當屏盡萬緣，表裏清靜，久久
精專，神凝氣沖，表裏清靜，綿綿固定不動。三年不漏下丹
結，六年不漏中丹結，九年不漏上丹結。是名三丹圓滿，九
轉功成」（同上）。全真道強調心性的清靜是通過修煉者長期
的道德修養，去除私心雜念，才能達到的境界，不能一蹴而
就。而心境的清靜無為，作為修道之本，又是無法超越或忽
視不顧的環節，必須充分地加以重視。

㈢節制欲念的戒忌

　　道教中人還提出人要愛惜自己，不使邪氣迷亂內心，使
身體受到傷害。《抱朴子·養生論》中言及：「且夫善養生者，
先除六害，然後可以延駐於百年。何者是耶？一曰薄名利，
二曰禁聲色，三曰廉貨財，四曰損滋味，五曰除佞妄，六曰
去沮嫉。」除去六害，要領在於看淡名利，禁止放縱聲色情欲，
不貪奇貨財寶，去掉各式各樣的不良情緒。這裏對妨礙人的
健康的心理方面提得非常具體，也十分仔細。這一思想與道
教教派奉為經典的老子學說「五色令人目盲，五音令人耳聾，
五味令人口爽（傷），馳騁畋獵令人心發狂」（《道德經》第十
二章），是相吻合的。遵循老子的思想，道教中人認為人在社

會中生存，必然會受到各種誘惑，而不知足、貪欲所得，是禍患的由來。要做到心靈的「致虛極，守靜篤」，就要遵循「不破不立」的思想，以「破」的方法排除各種欲念的干擾，使人心達到虛寂的頂點，無欲無求。

現實中的人，總是會受到酒色財氣等各種方式的引誘，馬鈺認為如果心性保持清靜，去除各種欲念，就不會受到誘惑。他說：「清靜者，清為清其心源，靜為靜其炁海。心源清則外物不能擾，故情定而神明生焉。炁海靜，則邪欲不能干，故精全而腹實焉。是以澄心如澄水，養口如養兒，口秀則神靈，神靈則口變，乃清靜所致也。」（《丹陽真人語錄》）心源清，炁海靜，就不會受到邪欲的干擾。

馬鈺提出「四養」：捨棄酒肉、節制飲食以養氣；遠離貪愛和嗔怒以養性；耐侮辱、處下位以養德；守一清靜、恬淡無為以養道。為了達到這一境界，就必須要從最基本的戒律做起。以後，他又提出更為全面的戒規「十勸」：第一，不得犯國法；第二，見門人須當先作禮；第三，斷酒色財氣；第四，除憂愁思慮；第五，遇寵若驚；第六，戒無明業火；第七，慎言語、節飲食，薄滋味、棄榮華、絕憎愛；第八，不得學奇異怪事；第九，居庵不過三間、道伴不過三人；第十，不得起勝心。他提出這些戒律，並不是針對於全體道教徒，但有志於修道之人必須要這樣做，否則就無法得道。因此叫做「十勸」而非「十戒」。這種以自律為基礎的戒勸，給當時社會留下了良好的印象。

　　道教中人的這些思想有一定的現實意義。當代社會的物質文明，比以往任何時代都豐富，都發展迅速，而這種發展又以市場經濟為前提。在市場經濟條件下，為物質利益所驅動，人與人之間充滿了競爭，也增添了處世的風險。人們的情緒也因此發生波動，影響到心理的寧靜與健康狀態。道教中人講養生方法，從減低欲望、節制情緒著手，用了釜底抽薪的方法，從破除有害健康的行為入手，較好地解決了心理調攝的問題。

　　值得注意的是，當代心理學界已將上述理念引入心理治療實踐，美國心理學家卡爾・羅杰斯 (C. R. Rogers, 1902–1987) 曾坦承他的治療方法受到過道教中老子「無為而治」思想的啟發。現在中國又有張亞林 (1951–)、楊德森 (1929–) 等提出「中國道家認知療法」。它主要通過改變個體的認知觀念和應對方式，來達到調節負性情緒、矯正不適行為和防病治病的目的。此方法中針對病家在人生信仰和價值系統方面出現的問題，導入道教思想觀念，化解或減輕心理壓力，使人從焦慮、痛苦中擺脫出來。此種做法受到了學術界的肯定。

第九章

咒齋移情，調適情緒

——「靜心」之道的心理層面運用

道教治病時，十分強調病人對符咒神力的信任。要求病人在求符時，一定要誠心正意，不能半信半疑。用俗話說，就是「信則靈，不信則不靈」。以今天的眼光來看，確實只有病人相信符咒，才會在心理上發揮暗示作用，才能更好地進行移情，從而收到良好的治療效果。

心理上的不良因素來源於多方面，現代醫學中針對不同的人群，提出不同的應對方法。有的要求通過運動或旅行使人的情緒得到放鬆，也有的提出了將感情轉移到別的事物上，以降低緊張焦慮心情的做法。後一種方法被稱為「移情法」。

一、「移情」淺說

一般認為，「移情」是一個心理學的概念，由弗洛依德提出，指的是在心理治療中，患者把情感轉移到治療者身上的情況。這實際上是一個狹義的定義。廣義的「移情」泛指人在一切活動（尤其是審美活動）中，將自己的情感向客體進行投射和對該對象的情感體驗。這裏的客體，可以指人，也可以指自然物。

從上述定義中不難發現，移情包括兩方面的內涵，一是主體情感向客體的投射，即所謂「由我及物」，例如「情人眼裏出西施」，就是把主體的熾熱感情投射到情人身上，造成在主體眼中，情人貌比西施的現象。杜甫 (712–770) 名句「感時花濺淚，恨別鳥驚心」（《春望》）就是作者將自己心中看到國破家亡時的傷感之情轉移到花、鳥等自然物身上。二是通過對客體情感的察覺，喚起自身類似的情感共鳴，即「由物及我」，例如看書的時候，讀者會情不自禁地與書中人物同悲同喜，看到弱小的人受欺負會想上前幫助等。其實，在人的心理活動中，這兩種情況常常不可分割，同時出現。

　　「移情」能夠實現，關鍵在於它是移情主體的精神追求和自我品質的體現。因此，對於相類似的追求和行為等等，都會引起主體強烈的情感共鳴。正確地運用移情原則，不但可以減少交際中的矛盾，更是使心理保持健康的好方法。

　　現代心理學界已經認識到，一個人如果一味沉湎於不良情緒中，會給他的心理和生理帶來很大的負面效應，使其變得心煩意亂，坐立不安。所以要減輕精神壓力，緩解緊張情緒，就要將不良情緒宣泄出來，移情就是其中一種方法。

　　人在與社會的交往和審美等活動中，把自我情感向觀察對象的投射和對觀察對象的情感體驗，可以使我們在潛意識中把對某一對象的情緒、態度轉移到另一事物上去，使心境得到一定的平息。當人們遇到不愉快事發生時，也可以通過把注意力轉移到平時感興趣或喜歡做的事情上去，來分散和轉移注意力，擺脫消極情緒的影響，把自己從不良的心態中解脫出來。

　　移情對緩解心靈緊張的情緒有著重要作用，在中國傳統醫療技術中已有所反映，不過多半是通過巫祝這樣的手段體現出來的。道教形成之後，對這一形式非常重視。道教徒認為通過施行祈禱祭祀、服用符水、佩帶符圖、念咒等法術，可以獲得神靈庇護、驅邪避凶、治病去災。在施行法術時，他們用玄想方法召來諸神，想像由此運用神的法力對付邪魔。這種法術的實施以祈禱平安、獲求吉祥為心理需求，儘管具有濃厚的迷信色彩，卻包含了移情的思想，所以值得我們去

回顧、審視。

二、中國歷史上的「祝由」方式

　　我國古代在醫學不甚發達，對人的心理科學研究尚未進行時，對於人的疾病治療採取了藥物與心理安撫並行的手段，而安撫手法則在於「巫祝」。關於「巫祝」一說，在殷墟甲骨文中就有記載，而《黃帝內經》中的《素問》和《靈樞》對其記載較詳。此書中指出，所謂的「祝」是指「祝禱」，多半由「巫」來承擔。書中將此種手法稱之為「祝由」。此處的「由」是指病因、病由。故「祝由」就是用祝禱去治病的方法。

　　《素問》說此為「古之治病」方法，通過「移精變氣」手段，達到去除病因目的。這裏的意思，與「移情」作用有相通之處。據《靈樞》中載，祝由方法，對那些突如其來、既無外因又無內因的怪病較有神效。這種病一般人都歸於鬼神所為，因此由巫來祝禱就是理所當然的了。但書中被視為醫學專家的岐伯認為，其中也有病邪留在體內「未發」，一旦病者心中情志波動，「血氣內亂」、正邪「兩氣相搏」而成病的。這裏看到的，正是心理因素對人體健康的影響作用。

　　流傳於民間的「祝由」治病方法在唐代進入官方機構，成為「太醫署」中四大科之一，命名為「咒禁」。可見主要是注意到了其「祝禱」內涵以及禱詞的「咒語」性質，而對繁複的形式有所忽略，即更具備科學性。當時的「咒禁科」中

有 20 餘名編制，設有「咒禁博士」、「咒禁師」、「咒禁工」、「咒禁生」等職位，可見已是比較正式的機構。據《歷代職官表》載，宋元時代「祝由」或「咒禁」名稱不再被官方所承認，但明代「太醫院」（官方最高醫療管理和教育機構）所設十三科中，又出現了「祝由」一科。直到清初「祝由科」才又被排斥出太醫院。

祝者治病的方法主要是詛咒，就是說最不好聽的話，發出的資訊也最不好。祝由醫師以此詛咒病魔，發揮將病魔趕出人體的作用。經過長時期的積累，祝由的內容變得豐富，有時他們也採取一些以圖示意的方法。如以疾病的部位、病性構圖，用金木水火土等五行傳遞己意，所用的是中醫的五行取類比象的原理。有時他們還將體中病魔以「鬼」相稱，表示以正壓邪的決心。這些活動確實在人們心理上產生安撫作用，但是我們可以知道它在醫學中畢竟不能被視為正途。故清代以後人們往往將「祝由」與道教的醮齋符咒等相提並論，可見其社會影響之廣。對此，我們若能拂去其中迷信的糟粕，則於思考我們的祖先如何以「移情」方法治療心因性疾病，調整心理狀態，有著較大的幫助。

三、持誦經文的作用

道教中用於治療心因性疾病的符咒齋法，首先源於民間巫術的啟發。《抱朴子·至理》中就提到過吳越地區流行的夢

咒之法，說其採用的是以炁禁金瘡、止血、續骨接筋等方法。這可視為道教中較早涉及以咒療疾的文字記載材料，以後各本道經中類似的記載逐漸地多了起來。

閱讀各本道經，我們可以感受到道教中的以咒療疾類內容與一般巫祝方式之間的不同：民間巫祝包括中醫祝由，主要用的是具有攻擊性，驅散性的咒語。將自己的影響力局限於針對「病魔」。由於所使用的往往是不帶良性的內容，所以也可能產生帶來邪念、惡意或病變意念的負作用。相形之下，道教心理影響有著正反雙方面的關注，從正面來看，至少包括有持誦經文這一塊。

現代心理學說認為，不同的人在心理自控力方面存在差別，應當說人的情緒強度、情感表達、思維方向和過程，都是在自覺控制下實現的。當一個人身心十分健康時，他的心理活動會十分自如，情感的表達恰如其分，詞令通暢、儀態大方，既不拘謹也不放肆。但有的人自控能力有限，這就會出現雖然明白了道理但在現實中無法實現的缺憾，道教中的靜心修煉也就對這類情況加以修正。其中一個辦法即是誦經。在道教中人看來，誦經本身是種善舉，可以感動神靈，消滅諸惡，釋散大罪，得生命正果。

《太上神咒延壽妙經》中指出：「元始天尊救護益算，濟人身命疾病苦厄。」只要你能念誦本經，天尊就會尋聲往救，使人度過危難，獲得壽命的延長。念誦此經文，還可以趕走瘟疫魔頭，使家門有幸。在這裏，他們把語言看作人與宇宙

相溝通的能量符號,試圖通過類似於定向調動宇宙場的過程,為人們的身心健康服務。

《太上洞玄靈寶消禳火災經》等經中提出,誦經的功用是多方面的,可以消除火災,可以使蠶絲五穀豐收,也可以「得三生為男子身」。總之可以解除人生的各種憂慮與煩惱,使人獲得順境。人生境遇中,最大的焦慮莫過於死亡。道教中人認為,靠持誦經文也能得到解除死亡的效果。《太上九天延祥滌厄四聖妙經》上就說,如誦此經文萬遍,可以「身處仙宮,與道合同」。《太上元始天尊證果真經》中也說,誦經萬遍者,「生者長生,家門有慶。死者幽魂出苦,身離惡趣」。其他如《文昌帝君救劫開心聰明大洞真經》等,也有類似的內容。

此外,道教中人還認為奉持經文、刊刻奉送經書與人者,也是向善從道的表現,這會使人積累功德,使生命證成正果。所以凡有此行徑者,莫不使人心情歡娛,提高生活的信心。

從心理學上而言,人總是容易受到暗示的左右,往往易被周圍環境引起情緒波動和思想動搖,有時表現為意志力薄弱。由於情緒、思維隨環境而變化,所以給精神活動帶來了不太穩定的因素。如果能對這種傾向有所關注,並給予相應的調節,就能使人的心情發生變化,使之朝著有利於自己的方向發展。通過誦經所帶來的心理暗示作用,就是對上述人性特徵理解的體現。

四、符咒齋法的作用

　　中醫「祝由」也用符圖驅魔，醫生們使用的既有象形文字，又有呈現圈狀、點狀、線條狀、直線、豎線、S 線、口字等不同幾何形狀的符圖。這些方法與道教的符籙咒法有著內在的相同，其源頭則不能不歸結於諸如八卦之類符號化的民族文化，以後則成為道教「移情」術的重要象徵。

(一)符和籙

　　符是古代君主用以傳達命令或調動軍隊的信物，雙方各執一半，合之以驗證真偽。而道教學者結合上古的傳說，並發揮想像力，將人間的符運用於神鬼的世界，認為它能「遣神役鬼，鎮魔壓邪」，代行溝通人間與神鬼世界的功能。

　　道教的符指的是用朱筆或墨筆畫的一種圖形或線條，它以屈曲筆畫為主，點線合用，字畫相兼。道符主要由古代的文字變形、拼合後，再嵌入鬼神、星雲等圖像而成。

　　符在道術中扮演著十分重要的角色。宋張君房《雲笈七籤》第四十五卷中說：「術之秘者，唯符與氣、藥也。」道符的製作起於漢代，《太平經》中就有許多由多個文字重疊拼合而成的「複文」符。早期的道教複文符是用於治病的，顯得較為原始、籠統和粗糙，通常是一符治百病，構造也較為簡

單明瞭，易於破解。

到了魏晉南北朝時期，道教醫用符的數量、種類明顯增加，葛洪《抱朴子》中記載的大符就有五十多種。道符的結構變得更加複雜，令外行人費解。為與之前的「複文」符相區別，後世稱其為「雲籙」。此外，符文不再千篇一律，出現了針對不同病症的專項符文。用符的方式也根據施治的對象、病情不同而變得多樣化。或將寫好的符文和水吞服，或將焚燒後的符灰溶於水製成符水口服，或貼於患處外敷，或佩於身上，或懸於家中。另外，道符還隨著時代變遷和道派的不同而相異。

道教齋醮科儀關於符法的行持規定是很嚴格的，作於魏晉時期的《上清靈寶大法》，在第三十九卷《齋法符籙門》中有記：書寫符籙者，先要在腦中存想三境帝師、天真皇人，行內煉之功，然後才能獲預期成效。這說明此時的符籙儀式已經與道教內養功夫作出了有機的結合，在理論上體現道教養生觀特色。

㈡咒

咒，與中醫學裏的「祝咒」方法相近，用惡毒的咒語來驅鬼驅邪，這在中國古代巫術傳統中運用廣泛，在道術中也時常被運用。人們相信，鬼與人一樣有種種禁忌和弱點，害怕人詛咒就是其弱點之一。因此，人們可以通過祝咒，借助

神力來制服他們。上古民歌《伊耆氏蠟辭》中有「土反其宅，水歸其壑，昆蟲毋作，草木歸其澤」等文字，這就是原始的祝咒之辭。道教則大大豐富了古代祝咒的內容，形成了自己的咒。

道教咒語的基本結構是這樣的：首句召喚所請之神的名稱，中間描述請神的目的和要求，末尾處以「如律令」或「如某尊神律令」作結，含有祈禱、敕令之意。這明顯比中醫裏採用的方法形式更為豐富。

道教咒語較多針對某一具體病症或折磨人的病態，如無名腫毒、牙痛、眼疾及小兒夜啼等等。

㈢齋和齋法

齋和醮是道教儀式的總稱，道教的齋和醮是從古代祭神祈福、驅邪避鬼的巫覡活動中演化發展而來的。

關於齋，《禮記・齋法》中說：「齋者，精明之至也，所以交於神明也。」「齋」的本意是清潔。這裏的清潔，一是指心靈上的純淨而無雜念。二是指身體上的潔淨。中國古代祭祀鬼神，首要的功夫在「心」，要做到「齋定其心」，儘量少思少動，以便排除一切雜念。具體而言，即「防其邪物，訖其嗜欲，耳不聽樂，心不苟慮，手足不苟動」。唯有如此，鬼神才能感受到你的心意，才會被感動。除此之外，還必須齋戒沐浴，使身體潔淨，方能顯示出祭祀者的隆重其事，對神

的虔敬。

　　道教的齋法可以分為內齋和外齋。內齋是一種以靜為主的儀式，比如念經；而外齋是以動為主的儀式，比如拜神。《金籙大齋啟盟儀》中說：「內齋者，恬淡寂寞，與道翱翔。昔孔子以心齋之法告顏淵，蓋此類也。外齋者，登壇步虛，燒香懺謝，即古人禱祈之餘意也。」既可視為對此等齋法區分的較好說明。一般教派中人認為，內外齋中，以內為本。但施行起來，則要內外結合，以達對教徒產生極大震撼之效果。

　　道教中人認為符和籙可以用來治病，而祝咒和齋法儀式可以祛邪避鬼，消災解難。如《抱朴子‧遐覽》中有《移災經》，認為具有將某一災病移至另一人或物體上的作用，因此使原先的患者得到解脫。民間流行的燒紙船以趕病魔或以針刺小布人代受病痛折磨等做法，很多是出於上述之心理。

　　以現在的眼光來審視，上面種種說法包含著許多迷信的成分，有些做法甚至十分荒謬。但同時我們應當承認，由於道教的符咒齋法包含著對於人的心理活動中移情作用的合理認識，所以在一定的條件下還是能夠發揮其間的效用。

五、符咒齋法移情特徵

　　每個人的心理活動強度（指對於精神刺激的抵抗能力）、心理活動耐受力（指人的心理對長期反覆出現的精神刺激的抵抗能力）、心理康復能力都是不同的。當出現強烈的精神打

擊或慢性持續的刺激時,抵抗力低的人往往容易遺留下後患，還可能因為各種精神刺激而導致反應性精神病。另外，由於人們的認識能力、經驗各有不同，所以從打擊中恢復過來所需要的時間也會有所不同，恢復的程度也有差別。道教中使用的符咒齋法，特別對一些相對心理應對能力、恢復能力較差的人獲得康復，效果比較明顯。

道教在類似上述病人求治時，往往是通過道士語言的神力，招來神靈，再讓病人通過祝咒述說病由的方式，讓病人的心志得以抒發，情緒得以宣泄和疏導，從心理上得到治療和解脫。在此同時還伴有各種儀式、法器和咒語的運用，於此種神秘的氛圍下，病人由於受到了強烈的心理暗示，精神放鬆，信心增強，這可以激發自身的抗病能力，從而取得較好的療效。這就是道教符咒齋法的移情作用。

道教的符咒和齋法，之所以能產生移情的作用，是因為以下幾點原因：

首先，道教治病時，十分強調病人對符咒的神力要充滿信心。病人在求符時，一定要誠心正意，不能半信半疑。用俗話說，就是「信則靈，不信則不靈」。因為，只有病人相信符咒，才能更好地進行移情，才會在心理上發揮暗示作用，從而收到良好的治療效果。這是有心理學上的道理的。現代科學研究表明：治療中病人對所用的藥是否具有信心，會在很大程度上影響藥效的發揮。而病人對戰勝疾病的信心，也能影響療效。

　　那麼，病人對於道教符咒齋法的信心又從何而來呢？

　　第一，道教在治病時，往往宣稱符咒是天界秘授的靈物，因此法力無邊。而且，道士們一再強調，病人求符後一定要誠心地佩帶、服用，依所授之法治療，則定能符到病除。當然，這種說法中有不少自賣自誇，故弄玄虛之處，但是至少在客觀上，他的說法滿足了部分病人心理上所需要的信心。我們知道，許多久病纏身的人，在治療時往往缺乏信心，容易產生絕望和灰心喪氣的心理。而號稱附有神力的符咒能夠在這個時候使病人重拾信心，穩定其心理狀態。有人將道教的療法稱為安慰療法，將符咒、符水稱為安慰劑，是指與其說這些東西在藥理上有效果，不如說它是在心理上安慰著病人。現代安慰療法中也有給病人服用糖片等安慰劑的做法，可見道教的這套手法還是有一定道理的。

　　第二，道教的齋法儀式花樣繁多，神乎其神，施行起來熱鬧非凡，煞是好看。清代柳浦散人（同治年間在世）描寫道教的齋法儀式稱：「黃金闕下仙風起，靄靄祥光，陣陣爐香，一朵紅雲捧玉皇。」《珠玉圓傳奇》這樣華麗壯觀的場景可以給信眾的心理上造成極大的震懾和強烈的吸引，使人不得不在其巨大的威嚴之下，產生一種依賴感，多了幾分相信。又如道士在畫符念咒的過程中，步罡踏斗，披髮仗劍，口中念念有詞，手中捏訣等等行為舉動，雖然說不上真有什麼療效，但這樣隆重其事，至少能夠安慰教徒或病人。這對於醫治某些由心理因素引起的生理病狀，能發揮一些作用。它在

一定程度上，也彌補了古代藥石的不發達。

其次，除了要對道教有信心之外，還要進行細緻的準備
工作。在治療前，道士常常要求病人家早朝，天氣晴和，盛
潔室宇，絕喧靜寂。也就是要在天氣晴好的早上，準備一間
安靜且打掃得一塵不染的房間，同時人要做到靜心誠意，進
行心理上的沐浴，即所謂「洗心滌慮」。道士自己還會焚香禱
告，這些都可以使病人去除精神上的雜念，排除緊張、焦慮
等不良情緒可能對治療產生的消極影響，同時，使病人體內
的血液流通順暢，保證符咒齋法的效用。

道教的符咒和齋法，充滿著古代巫術的迷信思想，其形
式有的也荒誕不經，但它使用了移情的心理療法，也對古代
的醫學做出過一定的貢獻。

第十章

服食煉丹，長生之端

——靜心之教的支脈

煉丹術最初是從煉丹砂開始，這可能與古人的崇尚紅色的觀念有關，更重要的是他們認為丹砂能使屍體不朽。另外，還由於它具有與水銀互相轉化的特性，這一化學性能很早就被人們發現，不僅增強了丹砂的神秘性，也使水銀的地位大大提高。《史記・秦始皇本紀》中記載，始皇陵內「以水銀為百川江河大海，機相灌輸，上具天文，下具地理」。後來，鉛和汞在道教煉丹術中逐漸佔據了主要地位。

　　服食，類似於飲食療法，這是道教中人在考慮養生問題時，首先關注的方面。這個思想看上去與靜心之教關係不大，但是由於道教中人認其為養生修煉打基礎的部分，所以也就納入到了靜心修煉的範圍。

　　漢代王充 (27–107) 的《論衡・道虛》中記有：「聞為道者，服金玉之精，食紫芝之英。」這一說法與《莊子・逍遙遊》裏所描繪的「不食五穀，吸風飲露」的神仙形象十分相像。

　　服食活動在我國起源很早，這或許與我國民間流傳的「民以食為天」觀念有關。戰國時期的一些文獻中關於所謂神仙及其方術的記載，已涉及服食活動。至秦漢時甚為活躍的方仙道與神仙家中，即有以安期生（生卒年不詳）為代表的服食仙藥派。服食的物品最先嘗試的是植物與動物之屬，其後基於「物性互化」的意識，服食家看中黃金不會敗朽與鉛汞富於變化的性質，服金餌丹活動漸得盛行，但同時服用植物之屬以求長生的活動並未停止。道教以追求長生不老為目的，關注現世和世俗生活，有強烈的對現實利益的渴望與追求。為此，他們運用醫學手段作為追求長生不老和實現現實利益的途徑之一，採納服食方法形成獨特的煉養之術。道教中人熱衷服食以魏晉至隋唐為盛，唐代以後服食之風漸衰，但許多服食良方，為醫家所吸收、發展，豐富了我國古代醫藥學。

　　歷代所載道教服食專著甚多，如《隋書・經籍志》著錄有《神仙服食經》、《神仙服食方》等二十餘種，《通志・藝文略》著錄有《服餌保真要訣》、《古今服食藥方》等四十八種、

八十六卷。現在《道藏》與一些古代醫藥書籍中仍存有不少服食論著。

一、藥食同源，尋覓靈芝異草

服食，又叫服餌，即服用有益健康的藥物以成為神仙。餌包括各種天然藥物和人工藥物。在上古時代，人們接觸較多的是天然藥物，以後人們把它們命名為「本草」，作為藥物學中的組成部分。本草不單指草本藥物，而且包括了礦物、蟲獸、果菜等各種可作藥用的物質在內。「本草學」研究內容，包括藥名、產地、主治、功能、性味，甚至採取、種植、加工、組合、運用等多方面。

在道教還沒有正式創立之前，先民們就一直在探索服食養生的途徑和方法，並在服食方面有很大進展。當時被認為是戰國時成書的《山海經》，提到藥物才一百三十餘種，其中以治療疾病的藥物和預防藥為主。被認為成書於東漢時期的藥物學專著《神農本草經》，原文已經不傳。而陶弘景在這方面下了很大的功夫。他曾經花了大量時間從民間搜集《本草經》抄本，並整理、修改、加注。現代刊行的《神農本草經》，就是陶氏的注本。從目前此書所載的內容來看，作者除了收錄用於臨床治療的動、植藥物之外，還錄有可以輕身益氣不老延年的「上藥」，「主養性以應人」、「遏病補虛贏」的「中藥」。它們與「主治病以應發」的「下藥」，構成藥物之全體，

形成了中國藥物學之特色。這一書中的特色來自何方，已經不可考，但是從此前道教中人普遍對醫藥學感興趣，道教徒四處尋求靈芝異草、服食各種藥物，陶弘景自己還在系統整理和編排《神農本草經》的基礎上，增加另外三百六十五種藥物，編成《名醫別錄》等情況來看，很可能是道教中人本身在藥草尋找中的實踐總結。

　　道教徒研究藥物是以長生不老為出發點的，因此他們非常注重藥物的實際運用。道教的早期經典如兩漢魏晉時期的《太平經》、《周易參同契》，都推崇服食養生。《太平經》中說：「草木有德有道而有官位者，乃能驅使也，名之為草木方，此謂神草也。治事立愈者，天上神草木也，下居地而生也。立延年者，天上仙草木也，下居地而生也。」這裏把草木的藥用與神仙功能相提並論，將教派理論與養生實踐結合了起來。

　　葛洪在對道教教義做出思考的同時，還兼做醫生和養生學家。他在所編撰的《肘後備急方》、《抱朴子》等書中，對醫學問題做出探究。特別是他的《抱朴子》，更是一部結合於道教思想和中醫學的重要資料。此書中記載了金丹、黃白、辟穀、服藥、導引、符籙等方術，並雜有醫藥、化學等方面的知識。其中的《仙藥》，記載了上百種仙藥，並引《神農四經》將藥物分為三類：「上藥令人身安命延，升為天神，遨遊上下，役使萬靈。中藥養性。下藥除病，能令毒蟲不加，猛獸不犯，惡氣不行，眾妖並辟。」此說與陶弘景注本中的藥物分類方法十分地相近。所以可以據此推測，陶氏之書中所言，

有吸收與其有著同好之先輩葛洪觀念的可能。

葛洪《抱朴子‧仙藥》中所言及的草木仙藥主要包括松柏脂、靈芝、茯苓、地黃、麥門冬、胡麻、黃連、枸杞、黃精等。其中的靈芝，包括有石芝、木芝、草芝、肉芝、菌芝等多樣種類。據作者述，木芝由松柏脂淪入地千歲，化為茯苓；而茯苓經多年演變，其上生小木椿似蓮花，便是木芝。服之能使人益壽延年。而書中所說的菌芝，據說生於深山，服之亦有令人飛升之功。

葛洪的上述記載，應當說主要是在前代經驗基礎上產生的。如先秦時的《楚辭》中，說到過靈芝產於巫山，有「采三秀兮於巫山間，石磊磊兮葛蔓蔓」的詩句。《山海經》中也有炎帝幼女「瑤姬」精魂化為「芝草」的神話故事。而葛洪則將此草正式列入藥丹，並提示其藥性與作用。繼葛洪之後，道教中人對靈芝做了更多的開發，於是關於它的記載也就不絕於教派典籍之中。如陶弘景所傳的《神農本草經》，有按五色將靈芝分為五種，每種介紹產地、氣味和不同主治的內容。其中言及紫芝「主耳聾，利關節，保神益精，堅筋骨，好顏色，久服輕身不老延年」；赤芝則「主胸中結，益心氣，補中增智慧不忘，久食輕身不老，延年成仙」。

據古代目錄學著作記載，出自魏晉道教人物之手的芝草類專著，估計在百種以上。如此豐富的著述，在世界菌蕈學發展史上絕無僅有。上述著作，除《太上靈寶芝草品》和《種芝草法》有賴《道藏》的輯錄而得以保存外，其餘均已湮沒

亡佚。《太上靈寶芝草品》中收入的《芝草圖》，收集了靈芝一百零三種，均列有其圖譜，並略述產地、性味、形態和服餌價值及辨認方法。書中認為靈芝是道教服食中的精品，有「補中、益氣、增智慧、好顏色」，「久食長生、扶正固本」等功效，故也可被稱為「靈丹妙藥」、「起死回生藥」。

靈芝被道教學派中人列為長生上品藥而備受推崇，道教中人傳說其學派先驅彭祖，能活到七百六十歲仍然貌似童顏，不見衰老，正是因為服食了靈芝仙草的緣故。故史書上有關於他「菇芝飲瀑，遁跡養生」修煉之道的介紹。相傳道教傳說中的八仙之一呂洞賓，也是靠喝靈芝上滴下的水而羽化成仙的。

道教這些仙藥的傳說在民間流行，造成了深遠的影響。傳統戲劇《白蛇傳》中有「白娘子盜仙草」的故事，說白蛇精白素貞因為醉酒現出原形，嚇死了丈夫許仙，於是不顧身懷六甲，隻身前往峨眉山盜仙草。南極仙翁憐其救夫心切，贈與仙草，終使許仙復活。那株仙草就是靈芝。百姓傳說中的靈芝，是千年靈精集天地之正氣，日月之精華，藏龍臥虎之地靈，九星之星光點，歷經數億萬年後生成的不死仙草。故它素有「仙草」、「瑞草」之稱，被視為吉祥如意的象徵。

現代人通過對靈芝的活性成分與藥理藥效研究，已發現其含有靈芝多醣、三萜類化合物、核苷類物質、生物鹼和有機鍺等多種生理活性物質，其中有機鍺的含量是人參的四至六倍，所以具有增強機體免疫功能，改善血液迴圈，提高對

心、腦供血供氧能力，改善細胞和組織的生理機能，以及安神、解驚、解毒等功效。臨床上可以治療神經衰弱、慢性支氣管炎、心腦血管等疾病。配合抗生素可以治療細菌性疾病，降低抗生素的毒副作用。配合治療腫瘤，可降低放療、化療引起的副反應。常服靈芝可提高人體抗病能力，顯著增強免疫功能。現在它已得到國際醫藥科研工作者的重視，美國、英國、日本等國家，也先後對靈芝進行深入研究和臨床試驗，美國一家研究單位甚至報導，靈芝治療愛滋病有相當好的效果，可使免疫功能顯著恢復。2000 年《中國藥典》已將靈芝收錄，充分肯定了靈芝的醫療保健價值。

《抱朴子》中還有對其他一些較常見藥物的敘述，其中言及這些藥草的形態特徵、主要產地、功能作用等等。如記天門冬，謂「其生高地，根短而味甜，氣香者善。其生水側下地者，葉細似蘊而微黃，根長而味多苦。氣臭者下，亦可服食，然喜令人下氣，為益尤遲也」。書中並介紹天門冬的蒸、煮、散、作酒等多種服用方法和效用，另外對如何識別其與百部草的不同，也做了說明。現代醫學中天門冬仍被作為補腎良藥使用，以為它對人體具有養陰、化痰、清熱、鎮咳等功效，對老年人慢性支氣管炎、肺結核、百日咳、咳血、便秘亦有顯著療效。醫書記載它屬百合科，為多年生攀緣植物。常生長於山坡、路旁、疏林下、山谷或荒地。雖然味微苦，但潤滑無毒，易於服用，所以也可用於小兒夜間盜汗、痰中帶血等疾病的治療。

同篇中關於黃精的介紹，也很有見地：「黃精一名兔竹，一名救窮，一名垂珠。服其花勝其實，服其實勝其根，但花難多得。……服黃精僅十年，乃可大得其益耳。俱以斷穀不及術，術餌令人肥健，可以負重涉險，但不及黃精甘美易食。凶年可以與老小代糧，人不能別之，謂為米脯也。」從中可知，黃精既是藥材，也是野菜。

現代醫學考證，黃精的別名有老虎精、老虎薑、雞頭參、黃雞菜等，屬百合科。為多年生草本植物，株高十公分左右，黃白色。根狀莖呈連球狀或結節成塊匍匐地下，根呈橢圓形。葉對生，無柄，葉的先端漸尖或鈍尖，兩面均光滑無毛。黃精的地下莖多含澱粉，故味道甜美；可採掘後洗淨切片，煎、煮、炒食均可。黃精營養成分高，多含蛋白質、澱粉、胺基酸、維生素等，能增強人體免疫功能，提高人體抗病能力；還有抗毒、降壓、抗衰老、強筋骨的作用，故有補脾、潤肺、養陰生津的作用。它喜陰濕、溫暖，多生於山林下、山坡陰濕處和灌木叢中及林邊緣草叢中，較為耐寒，故幼苗能在田間越冬，在我國各地有較為廣泛的分布。所以葛洪對黃精既是良藥又為美食的評價，是恰如其分的。

道教服食的草木藥物種類繁多，除靈芝外，還有胡麻、菊花等也是常服藥物。菊花具有疏風清熱、解毒明目的作用，《神農本草經》中將其列為上品，稱莖紫、色香、味甘美者為真菊。葛洪在《抱朴子·仙藥》中則講到，南陽酈山縣的山中有甘甜的泉水，泉水之所以甘甜，是因為山谷左右都長

有菊花。菊花掉進水裏，久而久之，泉水就變成甜的了。鄰近的居民都食用這裏的泉水，沒有不長壽的。年紀大的可以活到一百四五十歲，最少也是八九十歲。生病的人喝了這裏的泉水也都會痊癒，可見菊花也是養生之神藥。

葛洪書中還提到茯苓、枸杞、地黃、黃連、槐子等的作用，認為這些藥物都有補腦、黑髮、長生等特殊的療效，並對其採製和服用方法作出介紹。這些知識一直在道教學派中流傳，並成為我國養生醫學中的重要組成部分。現代醫學證明，茯苓益脾安神、利水去濕；枸杞滋補肝腎，益精明目；地黃瀉下保肝、強心利尿、降血糖、抗真菌。它們都是治療脾虛泄瀉、虛勞精虧、心悸失眠等症的良藥。《梁書》云常服槐實的道教學者庾肩吾，雖年七十有餘，髮鬢皆黑，能讀小號字的書籍，此種事例尚可舉出許多。

葛洪關於藥用植物的一些思想，一直為道教學派中人繼承，道教經籍《道藏》中記載服食藥方的比比皆是，內容十分豐富。如《太玄寶典》、《太華希夷志》、《太上靈寶五符·序》等，都是對後世有較大影響的著作。這些書大都體現條理清晰、系統嚴謹的特點，還在分類法方面有所創見，所以對我國的藥學發展有良好作用。歷代醫學書籍如唐代《新修本草》、宋代《重修經史證類本草》和李時珍 (1518–1593) 的《本草綱目》等，都受到過它們的影響。

就總體而言，道教徒服用的大多數草木藥物對人體養生、抵抗衰老、延年益壽都有積極作用，許多藥物至今仍用於中

醫藥學中，人們的日常滋補也常常用到。應當說，人類總要面臨自身的生、老、病、死等問題，人的衰老是不可抗拒的自然規律，因此人們想要通過各種方法來延年益壽、延緩衰老，也是十分自然的事情。為此，在日常飲食之外，人們往往通過服用保健品來保持身體健康。現代生活中，各種保健品層出不窮，已經滲透進生活的每一角落，商店貨架上的保健食品更是琳琅滿目、應有盡有。這些保健品一般都是由中藥製成，而其中不乏來自道教養生術的貢獻。

隨著全球「回歸自然」的大潮流，我國傳統中醫藥正逐步走向世界，並且因其確切的療效，高度的安全性為世界所矚目。而《抱朴子》、《本草神農經》等道教書中的仙草異藥，也同時獲得了來自世界各國人的好評，這就是它之所以至今仍被人們所關注的原因。

中國的道士許多都兼通醫藥學，如葛洪、陶弘景、孫思邈等既是醫家，又是道教代表人物，他們或以食入藥，或以藥為食，或以食療病，或以食攝生，各開生面，廣立法門；或敘於病治之末，或論於專著之內，內容豐富多彩。他們認為將「食療」與「藥療」相結合才是上工之術，主張把膳食養生引進治病養生的領域，將食治放在醫治疾病的重要位置，從而使我國古代就有的「藥食同源」思想得到了發揚光大。

二、辟穀養氣，應時而動

在農業社會中，人類與自然界的關係非常密切，人類生活很大程度上都是依靠自然界，道教根植於中國農業文明之中，因此有著和這一文明相統一的地方，那就是認為天與人是一個整體，相互發生影響和作用，天人感應相生、協調互補。《太平經》認為，人與宇宙天地萬物共同源於「炁」，「炁」就是指「氣」，也可以稱作「無極」。葛洪在《抱朴子‧至理》中明確指出：「夫人在氣中，氣在人中。自天地至於萬物，無不須氣以生者也。」就是說任何宇宙萬物都是由氣構成的，人類對於自然的一切行為都是以人物同源為基礎的。老子認為：「人法地，地法天，天法道，道法自然。」(《道德經》第二十五章) 就是說人法地而生，地法天而行，天的運行是循著道的，道就是指自然，實際上是要求人效法自然，依照自然界的規律行事。只有達到「天人相通」的境界，才能「長生久視」，盡享天年，反之則災害降臨，疾病連連。

從此前提出發，道教中人認為人吃五穀雜糧，就會在腸中積結成糞，產生穢氣，阻礙成仙。這是從自然外界與人體的相互關係角度提出的看法。魏晉上清派典籍《黃庭內景經》曾言及：「百穀之實土地精，五味外美邪魔腥，臭亂神明胎氣零，那從返老得還嬰？三魂忽忽魄糜傾，何不食氣太和精，故能不死如黃寧。」就是說食物看起來是很美味的東西，但是

卻會產生邪魔，阻礙人修道成仙。人體中有三蟲，又叫三屍，上屍名叫彭倨，好寶物；中屍叫彭質，好五味；下屍叫彭矯，好色欲。這些蟲子都違背了天道自然的原則，所以對人體會有不良的作用。以後宋代的道教著作《雲笈七籤》中，也講到了三蟲作用的壞結果：「三蟲聚，貫穿五藏，環鑿六府。使丹田不華實，津液不流注，血脈不通行，精髓不凝注，胎魂不守宮，陰魄不閉戶。令人耽五味，長貪欲，形老神衰，皮皺髮落。」應對的辦法，則在於「卻粒絕味，禁嗜戒色」。這是因為三屍在人體中靠穀氣生存，如果人不食五穀，那麼三屍蟲就不能在人體中生存了。因此為了清除腸中穢氣、除掉三屍蟲，達到安魂魄、養精髓、固神形、保天地等目的，就必須辟穀。若不然，則屍蟲全而生身必死。

辟穀又稱「斷穀」、「絕穀」、「休糧」、「卻粒」，就是不吃五穀雜糧的意思。是中國道教特有的一種修煉法門，與導引、服食、煉丹等並稱於世。道教中的修煉名家認為，辟穀修煉的層次較高，對治療疾病、強身健體、開慧長功、激發內在潛能都有相當好的效果。

辟穀術在道教形成之前就有流傳，《山海經》中記有無骨子食氣的事例。方術神仙家把「朝霞」、「淪陰」、「沆瀣」、「正陽」、「天玄」、「地黃」等天地清氣合稱「六氣」，認為通過服食「六氣」可以使人除去污穢，進入清靜澄明的境界。湖南長沙馬王堆漢墓出土的《卻穀食氣篇》是中國至今發現的最早的辟穀論著，文中明確提出「卻穀者食石韋。朔日食質，

日賀（加）一節，旬五而（止）。（月）大始銚，日（去一）節，至晦而復質，與月進退」。此間對卻穀的時間與方法都做出介紹。

葛洪反對通過辟穀就可以成仙的思想，但他也相信辟穀術可以健身延年。他在《抱朴子·雜應》中說：「余數見斷穀人三年二年者多，皆身輕色好。」並舉例子說，三國時吳國有個叫石春的道士，在行氣為人治病時，常常一月或百日都不吃任何東西，吳景帝聽了覺得很懷疑，「乃召取鑷閉，令人備守之。春但求三二升水，如此一年餘，春顏色更鮮悅，氣力如故」。

相傳，龍虎山的第一代天師張道陵在其八世祖師張良的祖師老子李耳的點化下，七日七夜練就了「無為玄功」，並有仙道入門的吐納功夫。大戒之日，不但七日七夜，甚至一月一年，亦可不食人間煙火。此種吐納功夫，只要「虛空抓一把，湊到口鼻處吞吸」，再喝些水，就能飽肚充餓。功夫深者，便可一月不食食物。據載，老子傳給張道陵的「虛空吞吸」大法，便是道家的吐納內功心法。若能按法得當練功，交替吞吸吐納，積之日久，便可無形中達到日月精華匯聚，陰陽龍虎交江的至高境界。此法使人在呼吸空氣中，吸取天地萬物之精華，化為自身所用，從而亦使自身內力不斷強大，甚為神妙。

《南史·隱逸傳》中記載，道士陳郁（生卒年不詳）「斷穀三十餘載，唯以澗水服雲母屑，日夜頌大洞經。」陶弘景「擅

辟穀導引之法，自隱處四十許年，年逾八十而猶壯容。」這樣的例子，在史書和道教書籍中不勝枚舉。可見，辟穀術在道教中是十分流行的。

據道派中人介紹，修道之人以無食、無息、無念、無身的四無境界為最高境界，此中境界名為長生。凡人為後天之身，呼吸、消化、迴圈、內生殖、泌尿、神經等系統是以生理機制的正常運行來維持生命。修道之人辟穀餐霞，實際就是通過修煉轉化人體幾大系統的功能，由後天生理運行機制返先天生理運行機制。即轉化為自然無為，人體規律不再受生理條件限制。所以道教中人把辟穀看作是修道丹道的基礎，要求先減少食物，然後逐漸地依靠服氣之法，存想啟動生命的原始能量，配合自然界的物質能量維持生命。

道教書中提到，辟穀之法要在身體無病的情況下實行，有病的話先要治療自身原有的疾病，使五臟氣血宣通；繼而稍服緩瀉劑，去掉腸胃內舊有的積滯；然後減食、節食，逐漸斷絕五穀，不知五味。每日做三遍靜臥服氣功，這樣就不飢不餓了。在節食之前要「齋戒為先」，即使整個身心都處在清靜無為的狀態，調整心意，逐步進入辟穀狀態。為此，當先獨處靜室，咽氣納津，攻下身中濁穢之物，存思心火焚燒全身，直至感覺室內光明如晝。這段時期至少需要兩週，是為辟穀打下良好的基礎。同時應增加的，是辟穀去病強身，修煉丹道成功的信念。

道教言及的辟穀術主要有兩類：「服氣辟穀」和「服藥辟

穀」。前者是將調整呼吸與辟穀相結合。《雲笈七籤》第六十
卷載《中山玉樞服氣經》云：「夫求仙道，絕粒為宗。絕粒之
門，服氣為本。服氣之理，齋戒為先。」這種方法目前見得比
較多。要注意的是，實行這種辟穀方法，並非不吃任何東西，
只是不食五穀雜糧而已。可以喝水，也可以吃些水果、蔬菜，
調節五臟六腑，使腸胃蠕動，進行排泄。「服藥辟穀」則是用
服食藥物代替穀物，如靈芝、茯苓、胡麻、黃精、麥門冬、
枸杞、甘菊、松脂等，都可服用。道門中人認為可以通利臟
腑、益氣養生。這些藥物有時還配合成方劑供人採用。比如
有一味為：「黃芪、赤石脂（煆淬）、龍骨各三錢，防風五分，
島豆一錢泡。右藥置石臼內搗一千杵，煉蜜為丸如彈子大。
如行遠路者，飽食飯一頓，服一丸，可行五百里，服二丸可
行一千里不飢。」那就是說，即使不在辟穀狀態中的人，也可
以服用。也有道書上提到辟穀還指不食人間煙火，即不食熟
食，或不食油鹽者，被稱為「上清齋」。先人曾告誡說，辟穀
方法不是人人都可以用的，它是道家養生修煉到高層次的時
候，自然進入的一種狀態，講究的是自然而然的意境。

　　辟穀這樣的斷食方式，不僅保留於道教學派修煉方式之
中，還在佛教等其他古老宗教中出現，配合以提升修行者心
靈境界之用。有趣的是，很多動物的生活中也都有這種現象，
比如冬眠的刺蝟、蛇和每隔一段時間就會「絕食」一天的貓
咪，從沒聽說過牠們這樣會被餓死，斷食反倒讓牠們更加活
躍，進入新的狀態。這可能是因為斷食期間，形體內的器官

會自我調節。沒有了食物的羈絆，腸胃也可以放個大假，好好休息。體內能量因此能在排泄方面發揮最大效用，排出體內的毒素。而這個道理對於同屬於動物的我們，或許也是適用的。

辟穀的原理，概括而言就是改變營養來源，從而調理人的思維和精神，進而使身心與天人關係得到優化。辟穀清腸有利於及時排出體內的毒素和廢物，有助於保養皮膚，強身健體。科學家指出辟穀對下丘腦內側區的飽腹中樞、下丘腦外側區的攝食中樞有調節作用。另外，人類具有與生俱來的潛能可以挖掘，這種潛在的能力使人能夠應對各種複雜緊張的生活環境，但它一般不會自然顯現。因此通過暫時的飢餓激發人的潛能，提高人體的免疫功能，促進細胞再生，便顯得有特殊的意義。所以，它比較適合於平時飲食不規律、經常會暴飲暴食、每餐的食量過大、肉食過多的人士。為他們實現減肥、降低血壓、消除緊張壓力、改善肌膚等願望。

世易時移，隨著社會文明的進步，人類生活水準越來越高。當我們目睹了現代文明帶來的巨大物質財富和豐富的物質生活時，也會注意到過分充足的營養和生活節奏的緊張帶來的發病可能。辟穀這樣的養生法，在這樣的社會背景下同樣有其用武之地。近年來，在有些發達國家中逐漸出現了「辟穀熱」。據英國《太陽報》報導 2003 年十二月，美國魔術師大衛‧布萊恩 (David Blaine, 1973–) 結束了他四十四天的絕食表演。雖然事後他自己承認這是魔術表演，有作假成分在

內，不過還是在國際上造成一定影響，興起一股斷食實驗的熱潮。我們國內試驗辟穀方法的也不乏其人。需要注意的是，辟穀並不是單純的絕食，中間包含著很多科學養生的方法和內容。如果以單純的絕食方法修煉是不正確的，容易產生營養不良甚至精神失常、胃出血等症狀。

關於辟穀方法，現代人有了不少建議，值得我們關注。比如有人說到練習辟穀不能急於求成，斷食前要做好心理上與日常生活習慣調整等方面的準備。在決定斷食之前要改變自己的飲食習慣，多吃瓜果蔬菜，逐漸減少食量，以粗茶淡飯為主。辟穀的時間不宜過長，要以安全為上，自然為度。斷食的時間不要太長，其中要有間隔的時間。最好是在修煉有素者的監護指導下進行，切實注意安全，切忌盲目追求時間的長短。

有人說到要根據自己的身體和環境條件制定實施日程，建議選在週末進行，別在壓力最大的上班期間進行斷食，以免身體嚴重缺乏熱量而導致身體不適。斷食前幾天要針對平時的飲食作調整，不要在斷食前後一吃為快，藉此彌補不吃東西的失落感。斷食期間要保持放鬆的心情，可以找一個安靜的環境，例如郊外，轉移對食物的深深眷戀等等。這些思想都與道教的基本理念、辟穀原則相吻合。

儘管目前對辟穀的研究還有很多需要深入探討的地方，但其中包含的適當減食節食的方法，具有積極的現實指導意義，將為人類的健康長壽做出新的貢獻。

三、金石大丹，意外之穫

　　道教服食中還有一種人工藥物，那就是丹藥。因為它大多是由礦物煉製而成，諸如鉛、汞、丹砂等礦物，因此被稱為金丹、大丹。有時又因與以身體為爐竈、修煉「精、氣、神」、在體內成丹的「內丹」相對比，而被叫做外丹、還丹。

　　最初對丹藥的關注，還是出自天人相通的觀念。中國古人認為草木藥本身會腐爛、會乾枯，沒有永恆性，所以可能只有養身的功能，不能讓人長生久視。只有服用金石這樣的性質不變、具有穩定性的藥物，人才能夠長生。

　　煉丹術在西漢武帝時期就已出現，是早期道教中影響最大的成仙的方法。早期的煉丹活動是希望得到黃金（只是一種黃色的燒煉物，最初和黃金等同稱呼，唐朝有所區分，稱為「藥金」）之類性質穩定、不易腐朽的東西，通過服食達到長生不朽。《漢書·藝文志》記載《黃帝九鼎神丹經》和《太清金液神丹經》，是現存最古老的煉丹著作，但其中只有煉丹的實驗記錄，還沒有形成完整的理論體系。東漢道教學者魏伯陽在所著的《周易參同契》中，假借《易》卦爻象來論述煉丹修仙的方法，闡述了煉丹的鼎器、藥物、火候、效果、影響等問題，被視為「萬古丹經之王」。

　　在《列仙傳》中也記載了數人煉丹吃丹事蹟，如嘯父精通煉丹火法，當時的人稱讚說：「嘯父駐形，年衰不邁。梁母

遇之歷虛啟會，丹火翼輝，紫煙成蓋，眇企升雲，抑絕華泰。」
任光「善餌丹，賣於都市里間……晉人常服其丹也。」主柱「與
道士共上宕山，言此有丹砂可數萬斤。宕山長吏知而上山封
之，砂流出飛如火，乃聽柱取。為邑令章君明，餌砂三年。
得神砂飛雪，服之五年，能飛行，遂與柱俱去云。」等等。

　　關於煉丹所用的藥物，《神農本草經》中記有丹砂、石鐘
乳、石膽、曾青、禹餘糧、白石英、紫石英、五色石脂等十
八種礦物，列於「輕身益氣、不老延年」的上品藥。書中還
記載了丹砂能化為汞，石膽能化鐵為銅成金銀，空青能化銅
鐵鉛錫為金，曾青能化金銅，石硫黃能化金銀銅鐵奇物；水
銀能殺金銀銅錫毒，溶化還復為丹等的功能。這些都是煉丹
家通過實踐認識到的。

　　魏晉開始道教興起，方士演變成了道士，煉丹術也成為
道家修煉方式的一種，與道教同時發展。一方面，煉丹術是
追求長生不老的方術，受到統治階級的大力支持，因此促成
道教的發展。另一方面，宗教的外衣又進一步增強了煉丹術
的神秘性。隨著道教的傳播，煉丹的範圍和規模也不斷擴大。

　　葛洪是中國歷史上最著名的煉丹家。他繼承了左元放（生
卒年不詳）、葛玄（164-244）、鄭隱（生卒年不詳）的丹道傳
統，力主金丹大道，在煉丹史上具有承先啟後的作用。他認
為金丹是成仙的關鍵。他說：「長生之道，不在祭祀鬼神也，
不在導引與屈伸也，升仙之要，在神丹也。」「夫丹之為物，
燒之愈久，變化愈妙。黃金入火，百煉不消；埋之，畢天不

朽。服此二物，煉人身體，故能令人不老不死。」(《抱朴子·金丹》)他在《抱朴子》中的《金丹》、《仙藥》、《黃白》三卷中，對漢晉以來的煉丹術從理論到實踐作了系統、完整的闡述。書中記載了很多丹藥配方和具體的煉丹方法，並描述了許多化學變化和煉丹設備，內容詳細而具體，所含化學知識十分豐富。

在煉丹的過程中，葛洪一方面吸取前人經驗，一方面通過親身實踐進行嘗試，推進了煉丹術的發展。《金丹》這一卷主要講解利用無機物質煉出所謂的長生仙丹，《仙藥》這一卷則著重討論植物與延年益壽，《黃白》卷側重許多人造黃金和白銀。他把煉丹術分為三種，一種是神丹，說「服神丹令人壽無窮已，與天地相畢，乘雲駕龍，上下太清」。第二種是金液，說「金液太乙所服而仙者，不減九丹矣。……金液入口，則其身皆金色。」第三種是黃金，文中載「為神丹既成，不但長生，又可以化作黃金。」「化為赤金而流，名曰丹金。以塗刀劍，辟兵萬里。以此丹金為盤碗，飲食其中，令人長生。以承日月得液，如方諸之得水也，飲之不死。」認為它可自神丹轉變而來。有時呈偏紅顏色，被稱為丹金。這是根據丹藥成分不同形成的不同成品，然所記之藥效則已被後人懷疑。

葛洪不僅記載了煉丹法，更重要的是通過列舉實例，記載了具體的化學反應，闡述物質變化的可逆性和迴圈性。例如，他在《金丹》中說：「丹砂燒之成水銀，積變又還成丹砂。」就是說丹砂即硫化汞，加熱就會分解產生汞，汞與硫磺化合

就會生成黑色的硫化汞，再在密閉容器中加熱，便得到赤紅色的結晶硫化汞。後一種硫化汞是無機合成的，有別於天然丹砂。丹砂和汞的互變，早在西元前二世紀人們就知道了，而葛洪卻是最早較詳細記載這一反應的人。在《黃白》中他寫到：「鉛性白也，而赤之以為丹；丹性赤也，而白之以為鉛。」這裏講的是鉛經過化學變化會成為鉛白（白色鹼式碳酸鉛），鉛白加熱可變成鉛丹（赤色四氧化三鉛），而鉛丹經過化學變化，仍可成為鉛白。這裏指出化學變化具有可逆性。葛洪《抱朴子》的如上記載，使其在道教煉丹史上據有重要地位。

陶弘景是繼葛洪之後的又一個煉丹名家。陶弘景曾經「遍歷名山，尋訪仙藥」，用黃金、朱砂、曾青、雄黃等藥物，合煉「飛丹」。在豐富的實踐基礎上，他寫了許多煉丹著作。經他整理加注的《本草經集注》，也記載了很多外丹原料和丹藥的名稱、產地、性狀、功用、炮製、保藏等資料。唐代是外丹術發展的鼎盛時期，唐代的許多皇帝都相信服食丹藥可以長生，因此在人力、物力、財力方面大力扶植道士的煉丹活動，這一時期出現了不少煉丹家和煉丹著述。據唐梅彪（生卒年不詳）《石藥爾雅》所記載，有方法可營造的金丹就有七十餘種，有名無方法記載的又有二十八種。孫思邈的《太清丹經要訣》專門記載了製造外丹的方法，如造金丹法、造鉛丹法、造紫遊丹法、造小還丹法、造銀雪丹法等等。煉丹家還發現硫磺、硝石與碳混合燃燒的現象，促進了黑色火藥的問世。唐憲宗元和三年 (808) 清虛子（生卒年不詳）《鉛汞甲

庚至寶集成》第二卷中關於「伏火礬法」的記載，是世界上
最早的製造火藥的實驗記錄。

　　隨著外丹術的發展，服食外丹者日益增多。由於這些人
不瞭解金丹的化學成分都是金屬元素，大量服用會嚴重危害
身體，故中毒甚至死亡的事故不斷發生。據清代趙翼
(1729–1814)《廿二史劄記》第十九卷《唐諸帝多餌丹藥》中
記載，唐太宗、憲宗、穆宗、敬宗、武宗、宣宗皆服丹藥中
毒致死。五代時期的梁太祖，服下方山道人龐九經（生卒年
不詳）所進貢的金丹，「眉髮立墮，頭背生癰」（何光遠《鑒
誡錄》第一卷）。隨著服丹致死者日益增多，服食者包括煉丹
者本人也對其產生懷疑。自五代以後，外丹術逐漸衰微，內
丹術漸漸興起。道教修煉理論發生了極大的變化。

　　根據外丹著作的記載，煉製外丹的原料僅礦石就有六、
七十種。主要有丹砂、雄黃、雌黃、石硫黃、曾青、礜石、
磁石、戎鹽等八石。《太清石壁記》（方士楚澤（生卒年不詳）
編訂蘇元明（生卒年不詳）著作）所收淮南王時代的《五石
丹方》記載：「五石者是五星之精。丹砂，太陽熒惑之精；磁
石，太陰辰星之精；曾青，少陽歲星之精；雄黃，後土鎮星
之精；礜石，少陰太白之精。右以此五星之精，其藥能令人
長生不死。」這與遠古的星辰崇拜相關，於是單方用藥，以藥
味上應天上星宿。認為是其精氣凝結產生的，因此人服用了
就能成仙。

　　煉丹術最初是從煉丹砂開始，這可能與古人的崇尚紅色

的觀念有關，更重要的是他們認為丹砂能使屍體不朽。另外，還由於它具有與水銀互相轉化的特性，這一化學性能很早就被人們發現，不僅增強了丹砂的神秘性，也使水銀的地位大大提高。《史記·秦始皇本紀》中記載，始皇陵內「以水銀為百川江河大海，機相灌輸，上具天文，下具地理」。也就是說，當時的人已掌握了將硫化汞分解得到水銀的方法。據目前考古人員的測試，秦始皇陵園確實存在大面積的強汞封土區，證明其含量巨大。後來，鉛和汞在道教煉丹術中逐漸佔據了主要地位。《周易參同契》主張以鉛汞為至寶大藥，之後這種說法大為流行，以至於煉丹術又被稱為鉛汞術。宋王通（生卒年不詳）《古文龍虎經註疏·序》說：「道家之學有所謂內、外丹者……外丹莫不以鉛汞為宗。故古歌云：『紅鉛黑汞大丹頭，相符黑紅是真修。紅鉛取精黑取髓，解得紅黑藥無比。將紅入黑保長生，用黑入紅天仙已。顛倒兩般總成還，火龍變化為天仙。』此外丹之要旨也。」文章不僅可作為煉丹術為鉛汞術之證，亦為我們理解外丹配伍及基本理論，打開思路。

　　從其基礎理論來看，道教外丹學說主要是以效法天時為指導。煉丹用的鼎爐最常見的是上下鼎，周長十二寸，用來對應十二個月和十二卦象；身長八寸，對應八節。在煉丹過程中，火候是最為關鍵的。道教徒在月亮「晦、朔、弦、望」變化的啟發下，將易學的六十四卦配合月象和數位。又以陰陽進退作為「火候」掌握的依據，把木、火、土、金、水「五行」相生相剋的原理，作為藥物質地轉換的依據。

煉丹家總是在人跡罕到的深山密林煉製丹藥，故葛洪在《抱朴子・金丹》中記：「合丹當入名山之中，無人之地。」在具體的煉製活動，還有一套完整的儀式和禁忌相配合。例如，在煉丹之前，要以清酒、鹿脯、香爐、時果作為祭品祭爐，煉丹者在焚香祭奠之後必須持咒禱告。也有的道書提到在煉丹過程中，老師向徒弟傳授丹訣時，必須向上蒼發誓信守機密。因為煉丹家認為外丹是神授之術，如果傳給不該傳的人，那就會受到天譴。所以煉丹家傳授丹訣十分謹慎，要求立下誓言，這就叫做「約齋盟誓」。《丹房須知》中包含擇地建壇、祭神開爐、服飾陳設等注意事項二十一條。此外還包括合香、醮太一法、開爐等儀式。

煉丹術的本意是藉服食金石之精氣，使人長生不老，得道成仙，其意圖荒謬，也無法獲得實現。但是在煉丹的過程中，煉丹家通過大量的化學實驗，在長期的實踐中，獲得了許多物質性質和相互轉化關係的認識，積累了關於物質的知識，客觀上對中國古代化學的發展做出了貢獻。中國古代的汞化學、鉛化學、砷化學、礬化學以及冶金技術，都由於煉丹家的創造而處於世界領先地位。四大發明之一的火藥，也是在煉丹爐裏誕生的。中國煉丹術經過阿拉伯傳到歐洲之後，又成了近代化學的搖籃。

一些道教學者把丹藥引入醫療中，從而豐富了我國傳統醫學的內容。如唐代孫思邈就曾據此製成各種藥丸，據其《千金要方》、《千金翼方》中記載，所製的「紫精丹」，經臨床應

用，被證明有「去諸風疾，明目補心」的功效；「艮雪丹」，具有「鎮心安神除邪瘴惡氣，治忤風癲風一切熱病等」作用；「太一神精丹」，被認為是治療瘧疾的良藥。後世醫家吸納煉丹技術製作藥劑的亦不乏其人。明代李時珍《本草綱目》中載藥一千八百九十二種，其中礦石藥有二百七十五種，而煉丹術中的「鍛、煉、製、飛、伏」等製藥方法，都被其一一採納。煉丹術所獲得的幾味礦石藥劑，如輕粉 (HG_2CI_2)、紅升丹 (HGO)、白降丹 ($HGCI_2$) 和太乙神精丹，都毫無阻礙地用於醫療上，並至今仍保留著。我國現存一些外科專著及醫書的外科篇卷中，丹藥的製作方法和臨床應用，很多是從煉丹術脫胎來的，人們對用丹藥治療外科疾病的療效和安全程度也給予了越來越多的肯定。

結　語

　　道教學說中的房中術，就很有特色。此說打破了儒學
禁欲、忌諱談性的思想禁錮，為人們平心靜氣地進入正常
生活狀態提供了幫助，在當時社會裏具有現實意義。從理
論上看，他們提出的「欲不可絕，亦不可縱」、「欲不可早」、
「行房有度」及「欲有所忌」，從辯證角度對其中關係加以
分辨，與其對「動靜關係」的認識有相輔相成的聯繫。

　　行文至此，似乎意猶未盡，故特贅數言以述看法。道教中的「靜心」內容實不止文中提及這些，而道教與「靜心」教義相關的養生理念（限於篇幅，本書較多的是講養生之理，而把具體操作方法虛化了），也遠遠不止所及那點。比如道教學說中的房中術，就很有特色。此說打破了儒學禁欲、忌諱談性的思想禁錮，為人們平心靜氣地進入正常生活狀態提供了幫助，在當時社會裏具有現實意義。從理論上看，他們提出的「欲不可絕，亦不可縱」、「欲不可早」、「行房有度」及「欲有所忌」，從辯證角度對其中關係加以分辨，與其對「動靜關係」的認識有相輔相成的聯繫。

　　道教中論欲不可絕者，最早的文獻見於《太平經》，這部經典從陰陽相需的辯證本體觀來看待男女之事，認為房中術相當的重要。經上說：「男女者，乃陰陽之本也。」如果男女不交，則孤陽不長，獨陰不生，不能實現陰陽和合，便無有生理。故要得有生，必合陰陽。其次經上還從絕陰陽則絕人類的高度來看待男女之事，提出「飲食陰陽不可絕，絕之天下無人，不可治也」；「陰陽不交，乃絕滅無世類也」。這是極有人類整體觀念的合理思想，不管是從修道還是從人類自我的生存和發展著眼，我們都不應該忽略這一方面。

　　魏晉時的葛洪、陶弘景，則從醫學和養生學的角度來解釋這一問題，認為如果男女不交合將有損於身心的健康，不利於修道。葛洪《抱朴子》說：「人不可以陰陽不交，坐致疾患，若縱情恣欲，不能節宣，則伐年命。」認為陰陽不交與道

教之長生久壽思想相牴牾，故欲不可絕。陶弘景的《養性延命錄》，援引彭祖之語說：「男不欲無女，無女則意動，意動則神勞，神勞則損壽。……有強鬱閉之，難持易失，使人漏精尿濁，以致鬼交之病。」他在這裏提到「鬼交之病」，是一種性受到壓抑而性心理嚴重失衡產生的病變。即性生活在現實生活中無法滿足，轉而在夢中與某一幻想的對象性交，結果造成損精傷人的後果，嚴重的甚至發展成精神病。因此，禁欲不僅導致生理疾患，還會引起心理變態，足見其危害是很大的。因為如此，聖人亦不絕和合之道。天地有開闔，陰陽有施化，這是自然的常態。人須法天象地，使神氣得宣布，方能「發閉通塞」，氣血和暢，身康神旺。這是房中欲不可絕的養生實質。

　　無論古今，兩性生活都是人類生存、繁衍後代的基礎，也是人類能否有康強的身心之重要環節。從這一意義而言，道教房中家基於長生久視的特殊價值取向，為我們總結出了一套房中補益的原則和方法，為現代人之兩性生活留下了不少寶貴的經驗。它對於現代人之性心理的訓練和調控，有很寶貴的借鑒意義，值得我們充分肯定。

　　另外，道教中人關於四時調攝的觀念、按摩方式的實踐，也都很有特色。但是限於篇幅，都不能再加以展開了。

　　總之，道教教義中有太多值得開掘的寶藏，謹以此書作為拋磚引玉的開端，甚盼大眾一同投入這個尋寶之旅。

附錄

主要參考資料：（依筆劃排序）

1. [日] 川烟愛義，《健腦五法》，科學普及出版社，1988 年。

2. [明] 尹真人，《性命圭指》。

3. 戈國龍，《道教內丹學溯源》，宗教文化出版社，2004 年。

4. 王慶餘，《秘傳道家筋經內丹功》，人民體育出版社，1990 年。

5. 李似珍，《形神、心性、情志──中國古代心身觀述評》，江西人民出版社，2001 年。

6. 李似珍，《養性延命──道教養生觀與人類健康》，上海辭書出版社，2006 年。

7. [英] 李約瑟，《中國科學技術史》，科學出版社、上海古籍出版社，1990 年。

8. [日] 春山茂雄，《腦內革命》，聖馬庫出版社，1995 年。

9. 「宋」張君房輯，《雲笈七籤》。

10. 張志堅，《道教神仙與內丹學》，宗教文化出版社，2006 年。

11. 張榮明編著，《內丹與禪定》，上海文藝出版社，1991 年。

12. 張廣保，《唐宋內丹道教》上海文藝出版社，2001 年。

13. 習雲太，《中國武術史》，人民體育出版社，1985 年。

14. 陳耀庭、李子微、劉仲宇,《道家養生術》, 復旦大學出版社, 1992 年。

15. 陳攖寧,《道教與養生》, 華文出版社, 1989 年。

16. [宋] 曾慥,《道樞》。

17. [日] 湯淺泰雄,《靈肉探微——神秘的東方身心觀》, 中國友誼出版公司, 1990 年。

18. 楊德森、張亞林,〈中國道家認知療法介紹〉,《中國神經精神疾病雜誌》, 2002 年。

19. 葉浩生,《心理學通史》, 北京師範大學出版社, 2006 年。

20. [魏] 葛洪,《抱樸子》。

21. 詹石窗,《道教科技與文化養生》, 科學出版社, 2004 年。

22. 蓋建民,《道教醫學》, 宗教文化出版社, 2001 年。

23. 鄭日昌、汪光榮、伍新春主編,《心理諮詢與治療體系》, 高等教育出版社, 2006 年。

24. [西晉] 魏華存,《黃庭經》。

25. 上海城隍廟道觀 (www.shchm.org) 養生部分。

26. 香港文匯報 (http://wenwenpo.com)2004 年 3 月 21 日。

中國民間信仰與道教　劉仲宇／著

　　因著悠久的歷史傳承和豐富的神話故事，道教幾乎普及於中國社會的各個層面，並隨著與民間傳說的結合，逐漸演變成具有眾多面貌的民間信仰。到底中國民間信仰與道教在互動與發展的過程中，起了什麼樣的火花？民間信仰所從屬的「俗文化」又是什麼？認識俗文化的內涵，對理解我們的精神生活，又有什麼助益呢？

茅山道教上清宗　鍾國發／著

　　不了解上清宗，就不能真正了解茅山道教；不了解茅山道教，就不能真正了解中國道教；而不了解中國道教，就不能真正了解中國文化和中國人。本書深入淺出地描述以神仙理想和道教活動為主線的歷代茅山文化及其演進，以及仙山形勝、洞天福地、丹鼎爐火、教門盛衰等諸多趣聞，並對道教史上的一些疑難問題提出個人見解，可謂雅俗共賞。

上帝——儒教的至上神　李　申／著

　　如今的中國人提起上帝，就認為那是基督宗教的神；很少人知道，上帝本來是中國人的神，更具體的說，是儒教的至上神。本書介紹儒教至上神的產生、發展及相關事件，提供長期習慣於「儒教不是一種宗教」的學者和一般大眾，一個嶄新的知識觀點。

龍王信仰探祕　苑　利／著

　　華北地區是中國農耕文化的發祥地，同時也是個旱災頻仍的災區，因此，歷史上以祀龍祈雨為中心的龍王信仰異常發達。本書對中國以布雨龍王為首的雨神系統、祀龍祈雨儀式、祈雨組織構成和祈雨文本等問題，進行了詳細的爬梳，對於我們檢討中國龍王信仰的性質與功能，以及探索龍王信仰的來龍去脈，都具有極為重要的意義。

魏晉南北朝時期的道教　湯一介／著

　　中國近、現代形形色色的新思潮，基本上都有反宗教的傾向，學界因此嚴重忽視對傳統宗教的研究，尤其道教，更普遍被視為迷信。本書試圖將道教提升到學術層面來探討，從道教的起源、其在魏晉南北朝時期的發展，以及與其他宗教的比較中所發現的特徵等，重建道教思想的體系，期許對我們考察自己的文化、心理和思考方式，能夠提供助益。